# 큰 꿈은 일어나 날개를 달고

김용재의 시로 읽는 대전

현장 사진과 에세이가 주는 감동 플러스

오름 시인선 • 5

Orum Edition

오름시인선 · 5
큰 꿈은 일어나 날개를 달고

펴낸날 _ 2010년 11월 5일 초판 발행
2011년 1월 20일 재판 1쇄 발행
지은이 _ 김용재
펴낸곳 _ 기획출판 오름
등록번호 _ 동구 제 364-1999-000006호
등록일자 _ 1999년 2월 25일
주소 _ 대전광역시 동구 삼성1동 122-2
전화 _ 042.637.1486
팩스 _ 042.637.1288
E-mail _ orumplus@hanmail.net

ISBN _ 89-90151-51-3

값 12,000원

# 큰 꿈은 일어나 날개를 달고

## 김용재의 시로 읽는 대전

### 현장 사진과 에세이가 주는 감동 플러스

오름 시인선 · 5
Orum Edition

# 대전이 나에게 준 詩

나는 대전을 사랑한다. 고향이기 때문에 그런 것이기도 하지만, 그러나 대전이 나에게, 내면 가득 시심을 길러주었다는 것이 더 큰 사랑의 근원이 된 것이다. 적어도 나는 그렇게 생각하며 말 뿐인 그 말의 등걸을 꺾고 감히 사랑한다는 가슴의 말을 앞세웠다.

그렇게 고백하기까지 나는 60여 년간 대전의 곳곳을 살피고 탐구하며 참 많이도 아파했고 싸움도 많이 했으며 안팎의 상처도 많이 안고 있다. 찌면 넘어간다는 멍청도, 달래면 주저앉는다는 합바지, 걸핏하면 문화 불모지라고 망발 하는 저 객꾼들을 향한 강력한 주먹질을 위하여 나는 힘을 길러야 했고 그 힘의 살 속에 문학의 주사기를 꽂아야 했다.

그 때 대전이 힘으로 다가왔고 그 때 시가 사랑으로 다가왔다. 놓치지 않으려고 가깝게 다가섰고 빼앗기지 않으려고 다시 포옹을 했다. 그리고는 게으름 떨구며 몇 번이고 몇 날이고 찾아다녔고 보고 그리며 상상의 날개를 달아보기도 했다. 마음을 내주는 연인이 참으로 많았다.

식장산 해맞이 - 한밭문화회 - 3 · 8민주의거기념탑 - 한밭종각 - 대전의 캐릭터 한꿈이 - 대전엑스포 마스코트 꿈돌이 - 대전의 새 - 대전의 꽃 - 대전의 나무 - 정부대전청사 (제1부)

대전8경 : 식장산 자연생태림 - 보문산 녹음 - 구봉산 단풍 - 장태산 휴양림 - 유성온천 - 엑스포과학공원 - 계족산 저녁노을 - 대청호수 (제2부)

대전의 역사인물(연대순) : 박팽년 - 김정 - 권득기와 권시 부자(父子) - 송준길 - 송시열 - 김만중 - 송병선과 송병순 형제 - 신채호 (제3부)

대덕밸리 - 대덕연구개발특구 - 국립중앙과학관 - 뫼비우스의 띠 - 한국지질자원연구원(지질박물관) - 대전시민천문대 - 한빛탑 - 과학공원(과학의 이용과 오용) - 과학공원(과학의 터전과 시의 종자) (제4부)

선사유적지 - 만인산 - 국립대전현충원 - 대전보훈공원 - 뿌리공원 - 대전오월드 - 한밭수목원 - 대전문화예술의전당 · 대전시립미술관 · 이응노미술관 (제5부)

갑천 - 계족산 장동삼림욕장 - 유림공원 - 남선공원 - 목척교 & 르네상스 목척교 - 대전역 0시 - 금강 (제6부)

이상 대전의 역사와 문화, 인물, 풍물, 유적, 명승지, 특히 과학을 배려하여 전체 50여 글감을 선정하였고 그 글감을 대상으로 시로 읽는 대전을 그렸다. 아울러 대부분 직접 셔터를 누른 현장 사진과 에세이를 부가하여 일반 독자들이 시를 가까이 할 수 있도록 시도하였으며 그렇게 시로 대전을 읽을 수 있도록 기획을 하였다.

발로 쓴 시의 단순개념이나, 홍보용 시의 관용(官用)개념을 불식(拂拭)하고 소위 시로서의 문학성을 잃지 않으려고 나름대로 노력하였지만 어쩔 수 없는 경우도 있었음을 실토한다.

이제 다시 돌이켜 본다. 여기 대전의 시 한 편 한 편은 진정으로 대전이 나에게 준 귀중한 선물임을 깨닫는다. 그런 각성으로 나는 이 시편들을 모아 한 권의 시집으로 묶어 시민들 앞에 내 놓는다. 대전을 사랑하는 시민들께 그리고 고향을 사랑하는 국민들께 떠도는 대전의 시 한편 낚아보시라고 두손 모은다.

金容材

# 제1부

## 우리의 꿈은 붉고 둥글다

식장산 해맞이 - 한밭문화회 - 3 · 8민주의거기념탑 - 한밭종각
대전의 캐릭터 - 대전엑스포'93 마스코트 - 대전의 새
대전의 꽃 - 대전의 나무 - 정부대전청사

제2부

# 산 그늘 기대어 고개를 들면

대전8경 : 식장산 자연생태림 - 보문산 녹음 - 구봉산 단풍
장태산 휴양림 - 유성온천 - 엑스포 과학공원
계족산 저녁 노을 - 대청호수

제3부

# 풀잎에 이름 놓고

대전의 역사인물(연대순) : 박팽년, 김 정, 권득기와 권시 부자(父子)
송준길 - 송시열 - 김만중 - 송병선과 송병순 형제 - 신채호

제4부

## 대전에도 태양이 있습니다

대덕밸리 - 대덕연구개발특구 - 국립중앙과학관 - 뫼비우스의 띠 - 한국지질자원연구원(지질박물관) - 대전시민천문대 - 한빛탑 - 과학공원(과학의 이용과 오용) -과학공원(과학의 터전과 시의 종자)

제5부

# 도심에 한나절 삶을 풀어놓고

선사유적지 - 만인산 - 국립대전현충원
대전보훈공원 - 뿌리공원 - 대전오월드 - 한밭수목원
대전문화예술의 전당 · 대전시립미술관 · 이응노미술관

제6부

# 우리 사랑 다시 태어남을 위하여

갑천 - 계족산 장동삼림욕장 - 유림공원 - 남선공원
목척교 & 르네상스 목척교 - 대전역 0시 - 금강

# 제1부

## 우리의 꿈은 붉고 둥글다

대전광역시청

- 식장산 해맞이
- 문화한밭
- 3·8민주의거 기념탑
- 한밭종각
- 대전의 캐릭터
- 대전엑스포 '93 마스코트
- 대전의 새
- 대전의 꽃
- 대전의 나무
- 정부대전청사

Poem

# 우리의 꿈은 붉고 둥글다

대전의 꼭두머리 해가 돋는다
두둥실, 장엄한 불덩이가 오른다
침침한 적막 밀어내고
역경이나 고립도 다 떨어내고
싱싱한 웃음 솟는다
과묵한 정렬 불탄다
숲이나 도시나 곱게 어루며
서리서리 넋으로 기리는가
갈채의 저 금빛 춤춘다
먼 종소리 깨우고 전능 빛난다
아침은 그래 하나의 얼굴로 환하다
새날은 그래 믿음의 햇살로 따삽다
여기, 우리의 꿈은 붉고 둥글다
하늘 열면서 언제나 찰랑하다.

《문학시대》22호, 2009. 6월

# 시심의 씨앗으로 싹터 있던 식장산 해맞이

대전은 선사시대부터 순박한 풍속을 일구며 문화를 꽃피워 온, 넉넉한 충절과 학문의 고장으로 오늘에 와서는 세계적인 과학도시로 발전하였다.

대전의 역사를 집약해 보면 백제시대에는 우술군에 속했고, 통일신라시대에는 비풍군에 속했으며, 고려시대에는 회덕현 및 진잠현에 속했다. 조선시대에는 다시 회덕군 및 진잠군에 속했고, 1914년에 비로소 대전군 대전면이 되어 「대전」이란 이름이 정착되었다. 1931년에는 대전군 대전읍이 되었고, 1949년에 대전시로 승격이 되었으며, 1989년에 대전직할시, 1995년에 대전광역시로 명칭이 바뀌어 오늘에 이르고 있다.

2009년은 대전시 승격 60주년, 대전광역시 승격 20주년이 되는 해이다. 시심의 씨앗으로 싹터 있던 식장산 해맞이의 경험을 불태워 〈우리의 꿈은 붉고 둥글다〉고 한 편의 시를 빚어냈다. 대전시 승격 60주년 기념 축시로 감히 시민들께 바치고 싶은 것이었다.

Poem

# 문화의 한밭 여기 빛남이여

우리네 숨결의 터전
가로지르는 대전천이나 유등천
그리고 천하제일의 갑천
철렁이며 만나고 굽이치는
나긋한 물줄기 겹겹 그리움 싸고 흐른다

보문산과 식장산
다시 계족산 구봉산 장태산
조선솔 파릇한 가슴에 담긴
생명의 싱싱한 정기, 촉촉한 넋이 솟는다

엑스포 과학공원 번갯불 말씀
유성온천의 선연한 꽃송이 얼굴
대청호, 인정의 향기로 증류되는
맨몸의 바람소리 빗소리
예리한 촉수, 진한 피땀이 서린다

슬기의 씨알 여기 있음이여
열림의 세상 여기 푸름이여
깨어난 가치 여기 밝음이여
문화의 한밭 여기 빛남이여.

《문화한밭》창간호, 1998. 9월
《문학시대》22호, 2009. 6월

# 슬기의 씨알과 열림의 세상과

▲ 《문화한밭》창간호 표지 (1998. 9. 1)

《문화한밭》은 한밭문화회의 회보이며 한밭문화회는 대전광역시 문화상 수상자들로 구성된 사회단체이다.

대전광역시문화상 수상자들의 모임인 「한밭문화회」가 있다.

대전의 문화발전과 지역사회 개발에 기여함과 동시에 회원 상호간 친목을 도모함을 목적으로 하고 있다. 1989년에 시작해서 2010년 수상자까지 138명이 되었고 16명이 벌써 작고했다.

이 단체에서 1998년 9월 1일자로 ≪문화한밭≫ 창간호를 내놓았고 지금까지 계속하고 있다. 11호까지는 회보형식이었고 12집부터는 잡지 형식으로 바꾸어 2010년에 제18집(5×7, 234면)이 나왔다.

≪문화한밭≫ 창간호 축시로 쓴 이 작품은 대전의 3대 하천인 대전천 - 유등천 - 갑천과 대전 8경인 보문산 - 식장산 - 계족산 - 구봉산 - 장태산 - 엑스포과학공원 - 유성온천 - 대청호의 생명력을 바탕으로 슬기의 씨알과 열림의 세상과 깨어난 가치를 구가한 것이다. 제호(조병호 서예가), 그림(김배히 화백)이 모두 회원들의 작품으로서 특색이 있다는 평가가 뒤따랐다.

Poem

# 증언의 얼굴

천둥하는 몸짓 출렁였다
가슴 터지는 아우성 드높았다

1960년 3월 8일
민주의 목숨을 위해
자유의 광명을 찾아
파도처럼, 대전의 학생의거
양양했다 - 우뚝했다

무지한 총부리도
비겁한 방망이도
못난 바리케이트도
모두 기세를 잃고
정의의 깃발로 올린
역사의 불꽃 진실로 뜨거웠다

시대의 검은 장막을 뚫고
저 눈부신 하늘 향해
증언의 얼굴로 탑이 서다.

《사일회 통신》제4호, 2006. 12
《갑천문화》제62호, 2007. 3
김용재 시집 『저기, 어둠의 실루엣 허물어진다』, 2008.4
《문학시대》제22호, 2009. 6
『대전사랑시선집』, 2009. 8
《이츠 대전 It's Daejeon》, 2009. 11

# 3 · 8 민주의거는 대전의 선구적 학생운동

3 · 8 민주의거는 1960년 3월 8일을 시점으로 하여 대전의 고등학생 수천명이 자유당의 각종 부정부패 및 그릇된 선거전략을 규탄하고 학원의 자유를 쟁취하기 위해 맨손으로 독재정권에 항거한 선구적 학생운동이다. 이 운동은 대구의 2 · 28과 마산의 3 · 15 등 전국적인 학생운동과 더불어 4 · 19혁명으로 이어진 대전지역의 중대한 학생의거로 기록되어 있다.

대전에서는 3 · 8 민주의거기념사업회와 대전충남 4월혁명동지회가 중심이 되어 둔지미근린공원 내에 「3 · 8 민주의거기념탑」을 세웠고(2006. 7) 2010년 50주년 기념사업을 추진하고 있다. 대전시에서도, 늦었지만 3 · 8 민주의거기념조례(제3768호)를 선포(2009.10. 9)하고 각종 지원활동을 확대하고 있다. 때를 같이 하여 사업회 및 동지회에서는 3 · 8 민주의거기념일 제정과 기념공원조성 문제를 대전시에 건의 추진하고 있으며 부정 불의에 항거한 민권선봉운동이며 나라사랑을 바탕으로 한 자유민주운동이 곧 3 · 8의거임을 집약하여 이를 대전시민정신으로 승화시키자는 뜻을 계속 호소하고 있다. 직접 참여했던 3 · 8의 생동감을 살려내고 새 시대를 위한 증거의 뜻을 담아 새긴 시가 곧 〈증언의 얼굴〉인 셈이다.

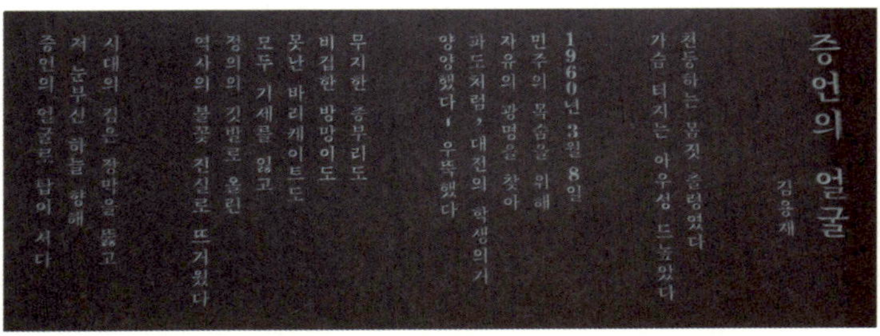

3 · 8 민주의거 기념탑

Poem

# 우리는 더 앞에 갑니다

- 한밭종각, 종소리 예감

봉덕사의 종소리가 아닙니다
보신각의 종소리도 아닙니다
춘향이 시절 인경의 소리도 아닙니다
테니슨의 제야의 종소리 또한 아닙니다

한밭종각 새로 피는 선율, 그것은
원기에 닿는 의욕과 가능의 소리입니다
믿음에 닿는 기쁨과 신뢰의 소리입니다
용기에 닿는 도약과 초월의 소리입니다
온 몸에서 솟아 저 음악의 심장에서 울리는
말씀의 혼령, 자유와 평화의 몸짓입니다

여기, 근심도 걱정도 울려보내고
다툼도 파괴도 울려보내고
질병도 슬픔도 뽑아버리고
거짓도 교만도 뽑아버리고
권력의 오욕이나 황금만능주의
묵은 것 상한 것 모두 날려버리고

차별의 담을 넘고 오해의 턱을 건너
생각의 터를 넓혀갑니다
최선의 맥박이 뛰는 손을 잡고

불꽃 꿈으로 일렁입니다
마음 뜨겁고 가슴 푸근한 땅에
사랑으로 더 멀리 퍼집니다

꿈에는 상처가 박히지 않을 것입니다
사랑은 희망을 할퀴지 않을 것입니다
곱고 풍요한 종소리 따라서
우리는 더 앞에 갑니다.

▲ 한밭종각 전경

# 사랑은 희망을 할퀴지 않는다

대전시에서 큰 종을 만들고 시청경내에 위엄있게 한밭종각을 세웠다. 종각의 단청을 무형문화재로 지정했다. 2008년 12월의 일이다.

이 종은 우리나라 최대의 종이라고 하는 경주 봉덕사의 종(에밀레종)도 아니고, 국보로 지정된 서울 종로의 보신각종도 아니다. 춘향이 시절 통금을 알리던 인경도 아니고, 영국 빅토리아조의 대표적 시인 테니슨(A.L. Tennyson : 1809-1892)이 듣던 작품 속「제야의 종」도 아니다.

그러나 이 종은 시민의 종으로서 의미가 크다. 매주 토요일마다 시민 누구나 참여할 수 있도록 타종행사를 확대 운영하고 있기 때문이다.

결혼, 회혼(回婚 : 결혼60주년), 미수(美壽 : 나이66세), 희수(喜壽 : 77세), 미수(米壽 : 88세), 백수(白壽 : 99세), 출생, 백일, 첫돌 등 가족단위 기념일은 물론 기관 · 단체 창립일, 문화 · 예술행사 등 의미있는 경우에 직접 신청하여 타종을 할 수 있도록 개방하고 있으니 이것이 예사로운 일은 아닐 것이다. 문화의 보람이며 시민의 자존심으로 작용할 수 있을 것이다.

'천국에 가장 가까운 음악'(제야)이라고 하던 영국의 램(Charles Lamb:1775-1834), '황야 속에 넣어주면 좋을 자연적 선율'(숲속의 생활)이라고 하던 미국의 소로우(H.D.Thoreau : 1817-1862), 그들의 옛 종소리를 들으며 현실보다 더 앞에서 한밭 종각, 그 종소리의 의미를 예감해 보았다.

Poem

# 한꿈이의 노래

대전시 승격 60주년을 기념하여 대전의 캐릭터로, 미래에서 날아온 어린왕자 한꿈이에게 대전문인총연합회 명예회원증을 수여합니다.

2009. 5. 1
대전문인총연합회장

한세상 한꿈이 한밭에 날왔다
한달음 한꿈이 한마음 펴낸다
한나라 한꿈이 한나무 키운다
한살이 한꿈이 한자리 떨친다
한다한 한꿈이 한바탕 웃는다.

《문학시대》22호, 2009. 6월

※ 한꿈이는 미래의 세계에서 날아온 큰 꿈을 가진 어린왕자를 귀엽고 깜찍한 모습으로 형상화하였으며 '과학'과 '미래'라는 대전의 이미지를 상징한다.

# 달아나는 현재와 날아오는 미래와

대전의 캐릭터 한꿈이는 미래의 세계에서 날아온 큰 꿈을 가진 어린왕자를 귀엽고 깜찍한 모습으로 형상화하였으며 「과학」과 「미래」라는 대전의 이미지를 상징한다.(『대전관광』, 2006)

나는 대전문인총연합회 회장으로서, 임원회의를 거쳐 한꿈이에게 문학적 의미의 명예회원증을 수여하고 가볍게 한 편의 시를 남겼다.

한세상(잘 사는 한 때). 한달음(줄곧 달려감), 한나라(하나의 나라), 한살이(일생) 등 명사위에 붙어있는 「한」은 「크다」는 의미로 보아도 좋을 것이다. 「한다한」은 '한다고 하는', '다 알아줄 만 한' 등 그대로 사전적 의미이다. 달아나는 현재와 날아오는 미래와, 여기 한밭에서 어린왕자 한꿈이를 만난다.

대전의 캐릭터 · 한꿈이의 모습 ▶

Poem

# 꿈돌이의 노래

대전시 승격 60주년을 기념하여 대전엑스포 '93 마스코트인 꿈돌이에게 대전문인총연합회 명예회원증을 수여합니다.

2009. 5. 1
대전문인총연합회장

도리도리 꿈돌이 꿈은 혼이다
서리서리 꿈돌이 꿈은 길이다
부리부리 꿈돌이 꿈은 힘이다
어리어리 꿈돌이 꿈은 빛이다
오래오래 꿈돌이 꿈은 삶이다.

《문학시대》22호, 2009. 6월

※ 꿈돌이는 대전엑스포 '93 마스코트로서 과학기술, 산업의 발전을 통한 인류의 평화와 공존 공영의 미래상을 제시하고 있다.

# 오래오래 꿈돌이, 꿈은 삶이다

꿈돌이는 대전엑스포 '93 마스코트로서 과학기술, 산업의 발전을 통한 인류의 평화와 공존공영의 미래상을 제시하고 있다.(『대전관광』, 2006)

이 꿈돌이는 우리 민족과 더불어 살며 온갖 조화를 부릴 수 있는 우주 아기 요정을 형상화한 것으로, 21세기의 주역이 될 청소년에게 친근감을 주고 과학적 상상력은 물론, 꿈과 희망을 가져다주는 이미지를 구체화 하고 있다.(『한빛탑과 별무리의 노래』, 1993)

한꿈이와 같이 꿈돌이에게도 대전문인총연합회 명예회원증을 수여했다.

꿈돌이의 꿈이 「혼」이요, 「길」이요, 「힘」이요, 「빛」이요, 그들이 곧 「삶」이라면 그 삶이 다시 우리들의 삶으로 전환될 수는 없을까, 생각을 거듭해 본다.

대전엑스포 '93 마스코트 · 꿈돌이의 모습 ▶

# 보송보송 짝짝

## - 대전의 까치

깍깍깍
어둠을 찍어 울어
따삽게 햇살 밝힌다

깍깍깍
미움을 찍어 울어
환하게 길을 깨운다

깍깍깍
무기력도 찍어 울어
힘있게 가능을 세운다

깍깍깍
하얗게 뜻을 붙이고
보송보송 짝짝, 울림 뜨겁다.

《문학시대》 22호, 2009. 6월

# 까치는 희망을 안내하는 향도

▲ 대전의 새 - 까치

까치는 대전의 시조(市鳥 : The official bird of Daejeon)이다. 우리나라에서 가장 길조로 여겨지는 텃새의 일종으로 까치는 희망을 안내하는 향도이며 불운을 경계하는 척후병이다. 그래서 까치는 업무인 듯 만인에게 아름다움과 신선함을 전해주고 기쁜 언어를 선사한다.

여기 〈보송보송 짝짝〉은 부정을 긍정으로 밝히는 기대값의 몸짓이며 조용한 외침이다. 이젠 맑은 아침에 피어나는 그 하얀 뜻 울림 어느 가슴에 파고 들 수 있을까, 그리움은 크게 번지고 있다.

Poem

# 백목련 연가

무한한 순결인가
탐스런 우정인가
어둠 다 벗어버린
하얀 화음 매달고
눈시울 꼬박 황홀타
정감은 그래 탱탱하여라

그렇게 이름 솟아 맑은 꽃
향기 밑에 망울진 밀어,
머뭇 머뭇 철학을 캐다가
무시로 무위(無爲)를 읽고
송이송이 마음 따라 고개를 들면
예순도 자못 수줍은 사랑이어라.

《문학시대》22호, 2009. 6월

Essay&Photo

# 순결과 우정의 의미로 부푸는 정감

우정이란 꽃말을 지니고 있는 백목련은 화사한 봄날, 잎이 나기 전에 탐스런 순백의 꽃을 피우는 꽃 중의 여왕으로 우아하고 품격 높은 시민정신을 상징하고 있다 하여 대전의 꽃으로 정하였다.

가끔은 산에서도 볼 수 있지만 공공장소나 우리들의 정원에서 맞이하는 백목련 송이송이 그 아름다운 표정은 성스럽고 거룩하고 황홀한 신비감마저 불러온다. 그래서 골목길 담장도 꽃을 가리지 못하고 향기를 나르는 바람 또한 날개를 접고 있음을 느낀다. 시(詩)에서는 순결과 우정의 의미로 부푸는 정감, 밀어(믿음)와 철학(지혜)과 무위(자연 그대로의 경지)로 이어지는 사랑의 꽃을 본 것이다.

대전의 꽃 - 백목련

Poem

# 대전 소나무

소나무는 그렇지 조선의 나무였지
예나 지금이나 대전의 자태였지
산에나 들에나 하늘 정기 본성 심고
타고난 지조대로 푸른 빛 출렁거렸지
눈서리 찬 바람 애환일까
우뢰소리 사나운 빗발일까
부딪쳐 허공에 다 날리며
몸 성히 언제나 꿋꿋하게 서 있었지
절벽에 서면 장대한 기상
머리카락 흔들면 절조의 피리소리
소리마다 마디 일구어 가슴에 꽂고
선비도 서생도 소나무가 되었지.
소나무는 그렇지, 선비가 되었지.

《문학시대》 22호, 2009. 6월

# 솔아 너는 어찌 눈서리를 모르는다

더우면 꽃피고 추우면 잎 지거늘
솔아 너는 어찌 눈서리를 모르는다
구천(九泉)에 뿌리 곧은 줄을 글로 하여 아노라.

윤선도(1584-1671)의 오우가(五友歌)중 소나무에 대한 시이다. 지켜 바꾸지 않는 굳은 지조의 뜻을 심고 있다.

중국 서진(西晋)을 대표하는 시인 반악(潘岳 : 240-300)의 시에도 장안으로 가는 도중의 자연과 역사를 그린 「서정부(西征賦)」에 경송창어세한(勁松彰於歲寒)이란 싯구가 있다. 찬바람 불고 흰 눈 날리는 추운 겨울철에 이르러 비로소 소나무의 절조가 나타남을 이르고 있다. 비슷한 유형의 글도 참 많이 있다.

소나무는 이렇게 절조의 상징으로 세상 사람들과 애환을 같이 해 왔다. 조선의 나무 - 대전의 자태 - 선비정신을 심어서 〈대전의 소나무〉를 기린 것이 곧 이 작품이다.

▲ 대전의 나무 - 소나무 (한밭수목원에서)

Poem

# 대전 햇살 달콤한 향기를 품세

- 정부대전청사에서

서울 바람 섞어살면 외려 자랑인데
대전 와서 서울 바람 괄시 아니 받는지
움푹 정 담아 생각하고 또 생각하면
대전 바람 무시한다 뜬 소문 도는 걸까
아니올씨 아니올씨 서울 소유 아니올씨
아니올씨 아니올씨 대전 소유 아니올씨
정부대전청사 대한민국 정부청사
관세청, 문화재청, 중소기업청, 산림청,
관리소, 국가기록원, 한국철도공사, 감사원 분소,
조달청, 통계청, 병무청, 그리고 특허청
지체 높은 20층 4개동에 입주했네
지역발전 국토발전 대민행정… 둥둥둥
손 끝 삐죽한 관념, 우리 모두 털어보세
북가죽에 모인 큰 소리 두들겨
대전 바람 상큼한 참맛을 보세
대전 햇살 달콤한 향기를 품세.

《문학시대》22호, 2009. 6월

# 대전 바람 상큼한 참 맛

정부대전청사는 중앙행정기관의 지방 이전으로 균등한 지역발전을 도모하고 국토균형발전의 선도적 역할 수행을 위해 1997년 12월 건립되었다. 정부대전청사는 청사로서의 기능성 · 상징성 · 개방성 · 문화예술성 등을 적절히 조화시키면서 행정의 효율성과 대민서비스 향상을 위한 근무환경 조성에 주력하는 한편, 정보화시대에 걸맞게 초고속 정부통신망을 구축한 최첨단 빌딩이다. 건물은 20층 높이의 4개동으로 건둘 면적은 20만$m^2$로서 청 단위 12개 중앙행정기관들이 입주해 있으며 공무원 4,200여 명이 근무하고 있다.(『대전관광』, 2006)

중앙행정기관을 나누어 놓는 것이 한 곳에 있는 것보다 효율성에서 좋을 턱은 없을 것이다. 그러나 서울공화국을 고착화하는 일보다는 열 배 좋을 것이다. 이러한 개념 속에서 '대전 바람 상큼한 참맛'이 있고 '대전 햇살 달콤한 향기'가 더해질 것이다.

▲ 정부대전청사 전경

▣ 대전사랑시비

# 아! 대전아

장암 지헌영

▲ 대전광역시 서구 향촌길70. 대전광역시청내

# 제2부

## 산그늘 기대어 고개를 들면

①

②

③

④
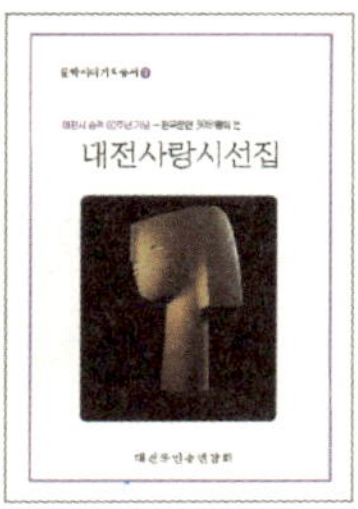


⑤

- 식장산 자연생태림
- 보문산 녹음
- 구봉산 단풍
- 장태산 휴양림
- 유성온천
- 엑스포 과학공원
- 계족산 저녁 노을
- 대청호수

① **大田八景 詩集** (1996 · 대전시인협회)
② **아름다운 대전8景** (1999 · 대전광역시)
③ **대전의 시 대전의 노래** (2000 · 김용재, 송백헌, 최송석)
④ **대전사랑시선집** (2009 · 대전문인총연합회)
⑤ **대전사랑에세이선집** (2009 · 대전문인총연합회)

Poem

# 식장산 별곡

산고랑 물고랑 굽어내린다
소리의 탯줄이 흐른다
소나무나 참나무나 흔들린다
소리의 뼈가 부스러진다
알몸의 돌 미끄러진다
소리의 덩어리 운다
소리소리 사이로 설화는 달게 익어
백만 군사 식량 쌓이고
원시림 길목이듯 신비도 쌓인다
자유는 울창하고 가을은 또 익는다
바위보다 무거운 세월의 중압
적막 속에 덥썩 내려놓고
산은 이제 슬기 속에 몸을 담근다
양지와 음지 사이 등굽은 인간사
목에 걸리던 진실 굽어 살핌일까
은밀한 탈속의 뜻을 연다.

대전일보 2008. 10. 16
『빛의 발자국』, 한국시문학문인회. 2009

▲ 식장산 등산길 (정상부근)

# 세속 벗어나 지친 마음 달래보며

식장산은 대전시 동구 판암동, 세천동, 산내동 일원에 위치한 대전에서 가장 높은 산(높이 623.6m)이며 삼국시대 백제군과 신라군의 국경을 이루었던 산으로 대전의 상징처럼 우뚝 솟아 있다. 산기슭에는 고산사와 개심사 등 유명한 절이 있고 호수와 어울린 세천공원, 잘 정비된 등산로, 자동차로 정상까지 올라가 굽어보는 시가지 전경 또는 야경 등이 유명하다.

식장산은 또한 먹을 것이 많이 묻혀있는 산, 백만 군사가 먹을 수 있는 식량을 저장하고 있는 산(食藏山)이라는 설화가 있으며, 곡식이 철철 넘치는 밥그릇이 묻혀있는 산이라 해서 식기산(食器山)이라 부르기도 한다.

높고 빼어난 산세는 신비로움을 더해 주고 골짜기마다 희귀식물과 숲이 울창하며 원시림 또는 자연생태 환경이 잘 보존된 산이라고 하여 식장산은 대전 8경의 하나로 지정되어 있다.

졸시 〈식장산 별곡〉은 평범하고 용렬한 세속을 벗어나 산에서 신비의 세상을 보는 넋의 동요(動搖)를 그려본 것이다.

대전일보 2008. 10. 6

Poem

# 보문산 사랑

동춘당 선생은 봉황새가 춤추는 모습이라 하여
보문산을 봉무산(鳳舞山) 또는 봉산성이라 했다
조선시대 큰 학자 남분붕 선생은
봉소루(鳳巢樓) 이름짓고 예서 글 닦으셨다
전설은 하나같이 보물 묻힌 보물산이라 했다
그러나 젊은 여인이 머리 풀고 통곡하는 모습
또는 여인이 나체로 누워있는 모습이라 하여
우암 선생은 부채로 눈 앞 가리고 이곳 지나셨다
그래도 저래도 오늘은 대전 제일의 자연공원,
열한 개 동(洞) 거느리고 있으면서
등산길 많고 약수터 많고 절도 적지 않고
시루봉 정상에 서면 시가지 한 눈에 보이고
산성과 기념물, 기념탑, 전적비, 어린이헌장,
시민헌장, 시비, 학덕비, 자연보호비…
두루두루 모인 뜻 알게 된다
그래, 산 뿌리 산 길 밟다 보면
하루가 짧다 산 빛 문지르며 가슴 열리고
일어서는 산울림 하늘의 길상(吉祥)
한밭벌 달려서 가깝고 먼 소리
우뚝 치솟는 그렇게 사랑을 느낀다.

대전일보 2008. 10. 23

# 휴식같은 산이 있어 우리는 늘 행복하다

보문산은 대전의 남쪽 중구의 중심부에 위치한 대전의 대표적인 산이며 시민들의 사랑을 많이 받는 휴식처이다. 규모가 크고 그래서 공공의 투자도 많이 한 이 산은 특히 녹음공원이나 자연공원으로 이름이 높다.

보문정(寶文亭)이 있는 정상 시루봉 길을 비롯 10여 개의 등산길과 20여 개의 약수터가 있어 많은 사람이 즐겨 찾고 있으며 보문산성과 보문사지, 야외음악당, 전망대, 청년광장, 사정공원 등의 시설이 자연 속에 개방되어 있다. 시루봉이나 성 안에 있는 장대루에 오르면 광활한 시가지가 활력으로 다가선다.

여기 〈보문산 사랑〉은 보문산을 서술한 산문시이다. 산 뿌리산 길 밟으며 복되고 운 좋은 기분 치솟는 그런 사랑의 느낌을 담는다면 보문산은 언제나 우리 곁에 연인으로 서 있을 것이다.

대전일보 2008. 10. 23

▲ 보문산 · 장대루

Poem

# 산 그늘 기대어 고개를 들면

전쟁이 끝나고 아직 어릴 때
이 산에 와 사방공사를 했네
비탈에 듬성듬성 층계를 만들고
황갈색 모래흙 헤치며
나무를 심고 떼를 입히고
골짜기엔 돌을 쌓기도 하고
어른들 따라서 하라는 대로
삭신이 쑤시는 줄도 몰랐네
이게 모두 부역이라 했는데
그 고통도 사랑도 함께 남아
아름답게 아홉 봉우리
풍치 세워 의미로 허공 꾸몄네
사는 일 이제는 쓸쓸함 더한대도
저만치, 산 그늘 기대어 고개를 들면
한조각 구름의 미소 입가에 닿네.

대전일보 2008. 11. 13
『대전사랑에세이선집』, 2009

▲ 구봉산 · 구각정

# 봉우리마다 선명한 세월의 흔적

구봉산은 서구 관저동을 중심으로 가수원동, 괴곡동, 흑석동, 봉곡동에 둘러싸여 길게 서 있다. 이 산의 남쪽에는 갑천이 휘돌아 흐르고 바위가 벼랑을 이루어 가파르기는 하나 꼭대기에 올라서면 멀리 계룡산, 금수산, 갑하산 등을 볼 수 있고 서구 시가지의 아름다운 경관을 조망할 수 있다.

이 산은 높은 봉우리 아홉 개가 솟아 있다 하여 구봉산(九峯山)이라 표기하고 있으나 일설에는 아홉 마리 봉새가 집으로 돌아오는 형의 명당이라 해서 구봉귀소형(九鳳歸巢形)의 구봉산(九鳳山)이라 불렀다고 한다. 또한 풍수지리설에 의하면 아홉 봉우리가 한 줄로 늘어서서 마치 예복입은 대신들이 허리를 굽혀가며 조정으로 들어가는 형국이라 해서 군신입조형(群臣入朝形)의 명산이라는 전설도 있다. 1993년 봄 서구청에서 이 구봉산의 신선봉에 구각으로 정자를 세워 구봉정이라 했으며 다시 이 산은 기암괴석 - 봄진달래 - 가을단풍을 꼽아 대전 팔경의 하나로 선정되기도 했다.

〈산 그늘 기대어 고개를 들면〉 - 이 시는 구봉산을 배경으로 한 실제 경험을 토대로 역사인식과 현실인식, 그 공감의 의미를 찾아본 것이다.

대전일보 2008. 11. 13

▲ 구봉산 단풍

Poem

# 달 쪼개진 밤에는

용태울 호젓한 저수지
아름대는 잔 물결
품안에 들이며, 푸득푸득
메타세콰이아 열병식 길 따라가면
장태산 산줄기 휴양림
후덕한 시설과 분수
갈색 바람과 풀잎
햇살과 그림자 두둥실 가락
그리고 추억을 헹구며 찾던
꾸불텅 그 산길 따라 나온다.
하루나 하루 밤 여기 쉬면서
세상 또 알고 딴 세월도 알고
숲이나 나무들 이념도 알고
달 쪼개진 밤에는, 그렇지
어둠의 무게도 반이 될 건가
조아리며 생각을 거듭하며
승천하는 진실의 큰 소리
두 팔로 힘껏 매달려 본다.

대전일보 2008. 11. 6

▲ 장태산 휴양림 내 연못

# 승천하는 진실의 큰 소리에 매달리다

장씨 성을 가진 사람이 난을 피하여 평안히 보냈다 하여 붙여진 장안(長安)동. 도시라지만 아직 시골냄새 온후한 지역, 이곳에 장태산 자연휴양림이 있다.

1991년 창업자 임창봉 선생이 전국 유일의 사설 휴양림으로 개설하여 운영하던 중 경영난을 겪는 과정에서 2002년 7월 대전광역시에서 인수하였다. 그 후 대전광역시에서 재개발에 착수하였고, 특히 80여ha(24만평)부지에 50여 년 자란 수천 그루의 메타세콰이아와 수십만 양질의 나무들이 항상 녹음을 만들어 주고 있다. 숙박시설, 체육시설, 복지시설이 비교적 잘 되어 있고, 숲속의 분수와 정상의 장태루에서 보는 저수지 및 주변의 풍광은 장관을 이룬다.

자연 속에 살고 나무와 함께 어울려 사는 자연 친화의 삶의 공간에서 휴식의 그리움을 풀어내는 일이 이곳에서 있게 되면 그것은 곧, 또 하나의 행복일 것이다.

실망이나 절망(어둠)은 희망(달)의 농도나 지수에 반비례하고 있는 것. '승천하는 진실의 큰 소리'는 물론 자연의 순리 그 울림인 것이며 우리가 갈구하는 생각의 소용돌이 속에 담겨 있는 것이다. 〈달 쪼개진 밤에는〉, 그 시론으로 삼고자 한다.

대전일보 2008. 11. 6

Poem

# 유성온천 편지

비 바람 눈 서리 다 떼어놓고
여기 김 솟는 물 만나 살 비비며
발그레한 향기 듬뿍 맛을 보세
몸 내놓고 몸때 씻고
부끄럼도 그리 씻어내고
상처도 아픔도 우그러진 목소리도
뜨건 물에 화닥닥 뭉개 버리세
그리고 수련처럼 둥둥 뜨는 꿈
대보름 달집 태우듯
환하게 환하게 밝혀보세.

대전일보 2008. 9. 25
김용재 시집 『저기, 어둠의 실루엣 허물어진다』, 2008

▲ 유성온천 유래에 관한 학(鶴)전설 조형물

# 온천수에 몸 담고 살맛나는 인생 갈망

유성온천은 역사와 전통을 자랑하는 정부지정 관광특구 휴양지이다. 부존량이 전국 최대이며 지하 214~450m에서 41.5~57℃ 상태로 분출되는 알칼리성 단순 라듐온천으로 이곳에서는 중금속이 전혀 검출되지 않고 있다. 그래서 옛날부터 신경통, 피부병, 위장병, 부인병 등에 그 효과가 탁월한 것으로 정평이 나 있다.

전설에서도 백제시대 날개에 상처 입은 학이 이곳 논에서 나오는 뜨거운 물로 적셔 치료의 효과를 보았고, 역시 심한 상처를 입고 혼수상태에 빠진 백제 병사가 이 물로 치료를 받고 완쾌 되었다. 조선시대에는 태조 이성계가 머물렀고 근년에는 역대 대통령을 비롯한 수많은 국민이 머물렀던 유서 깊은 곳이다. 물론 앞으로 더 많은 국민이 이곳을 다녀갈 것이다.

2007년 10월에 야외족욕장(유성온천 족욕체험장)이 개설되어 24시간 유성구에서 운영하면서 유성온천의 명성을 높이고, 찾는 사람들의 건강생활에 도움을 주고 있다. 족욕은 신진대사가 활성화되어 체내의 노폐물을 땀과 함께 배출시키며 발의 피로감, 고혈압, 저혈압, 부인 냉증 등의 치료에 효력이 있는 것으로 정평이 나 있다.

〈유성온천 편지〉는 온천물과 살과의 만남을 통해 얻는 목욕재계(沐浴齋戒)의 근본을 생각하며 건강과 복지의 휴식공간에서 살맛나는 인생의 꿈을 고취해 본 것이다.

대전일보 2008. 9. 25

Poem

# 한빛탑과 별무리의 노래

아침의 나라
일렁이는 숨결로
한빛탑, 하늘에 솟았다
그 꼭두머리
하늘 위의 하늘에서
별들은 밤낮으로 목청을 뽑았다
꿈을 태우고
혼을 날리며
만장일치의 결의안처럼
그들은 박수를 쳤다
문명이나 문화의 체온을
함께 나누며
사랑과 공감과 희망의 세월
마주 보면서
이 세상의 눈빛들은
푸르게 빛나고 있었다
어제와 내일을 오늘에 이어놓고
믿음의 영원을 번 가슴에 가꾸며
우리들은 어울려
새 길을 달리고 있었다
한빛탑과 별무리의 노래
맨살 위에 흐르는 느낌을 담고

그립고 그리워서
역사는 정녕,
드높은 나팔소리를 울리고 있었다.

『한빛탑과 별무리의 노래』, 1993
『Hanbit Tower & A Song of Asterism』, 1993 (영문판)
『아시아 시인들』, 1993 (한 · 영 대역판)
김용재 시집 『머물러있던 시간의 飛翔』, 2002
대전일보 2008. 10. 2

◀ 한빛탑

# 대전 저력의 상징물 다시 빛나길…

대전엑스포과학공원은 '새로운 도약에의 길'을 주제로 하여 개최한 지난 1993년의 대전세계박람회를 기념하기 위해 만든 우리나라 최초의 과학공원이다. 엑스포과학공원이 자리잡은 곳은 대전엑스포 '93이 열렸던 대전 유성구 도룡동 일원이며 공원 앞으로는 물 맑은 갑천이 흐르고, 이 갑천을 가로질러 태극을 상징화한 엑스포 다리가 과학공원의 중심지 한빛탑과 남문 입구를 연결해 주고 있다. 지혜로운 과거를 바탕으로 현재와 미래를 잇는 한줄기 빛, 영원한 빛을 의미하는 높이 93m의 한빛탑은 엑스포와 엑스포과학공원의 상징탑이 되었다.

그러나 엑스포과학공원은 지금 시련기를 맞고 있다. 적자운영 딱지가 붙어 행정안전부로부터 청산명령을 받은 것이다. '대전발전 10년 앞당긴 대전엑스포'93이니 '대한민국 최초의 과학테마공원'이니 하는 말들은 효력정지 상태인 것이다. 대전시에서 '엑스포기념사업구역'과 '민간사업투자구역'으로 나누어 복합단지로 조성하는 방안을 추진하며 운영동력을 확보하겠다는 계획을 추진하고 있다. 대전의 실력, 대전의 역량에 관한 문제다. 뜻이 빛나면 반드시 길이 빛날 것이다.

〈한빛탑과 별무리의 노래〉는 대전엑스포 '93 기념시이며 당시 영역판과 같이 발행된 기념사화집 표제이기도 하다. 문명과 문화의 체온을 함께 나누며 공감과 희망의 세월을 맞이하려는 푸른 눈빛들의 세상을 갈구한 작품이다.

대전일보, 2008. 10. 2

## ‘HD 드라마타운’ 대전 품으로

### 2014년까지 엑스포공원내 조성…민선 5기 첫 국책사업

…대전시는 10일 민선 5기 현안사업으로 추진했던 엑스포과학공원내 6만 6115㎡(2만평)에 오는 2014년까지 885억원을 투입하는 HD(High-Definition : 고품질, 고화질)드라마타운 조성사업이 정부의 예비타당성을 통과해 대전 유치가 확정 됐다고 밝혔다…

HD 드라마타운 조성사업은 현 아날로그 지상파 방송이 오는 2012년 HD 디지털 방송으로 전환됨에 따라 드라마 · 영화 등 영상산업을 미래의 신성장 동력으로 육성하기 위해 엑스포과학공원내에 야외세트장과 스튜디오 등 국내 최대 규모의 방송 · 영상 집적단지를 조성하는 사업이다.…

- 대전일보 (2010.9.11. 1면 top.곽상훈 기자) 에서

▲ 엑스포다리 - 한빛탑과 더불어 대전 EXPO '93 의 대표적 상징물이다.

Poem

# 계족산 올라 보아라

계족산 올라 보아라
일상을 헤집고 꼭대기 올라 보아라
옷 벗은 노을 가득 안고
울렁울렁 대청호 물빛
순정이듯 숲 사이로 밀려오는 것
보고 또 살 속에 넣을 수 있을 것이다

계족산 올라 보아라
일상을 헤집고 꼭대기 올라 보아라
사랑 아직 검붉은 사직(社稷)
산성과 고분군, 봉화터 절터에
아득한 황홀의 목숨 살아나는 것
읽고 또 가슴에 새길 수 있을 것이다

계족산 올라 보아라
일상을 헤집고 꼭대기 올라 보아라
시간의 화살에 찍혀 무너진
노심초사 수많은 생각 끝에
꽃잎이듯 피어나는 싱그런 자유와 평화
다가서서 손에 쥘 수 있을 것이다.

대전일보 2008. 10. 30

# 계족산성 굽이마다 백제 숨결 대청호 물빛 어울림 참 좋구나

계족산(鷄足山)은 대전의 대덕구와 동구에 걸쳐 있는 높이 420m의 산이며 모양이 닭다리 같다 하여 우리말 그대로 닭다리산이라 부르기도 한다. 각종 체육시설과 등산로가 훌륭하게 구비되어 있고 일단 꼭대기에 올라가면 산디마을 · 비래사 · 봉황정 · 장동산림욕장 등이 방향표지판에 뚜렷하게 나타난다. 이곳이 실제의 계족산성이다.

계족산성은 정상부에 테를 두르듯 돌을 쌓아 만든 산성으로 성 둘레가 1,037m이며 이 고장 최대의 산성으로 알려져 있다. 성내 시설로는 남문터 부근에 봉화대(烽火臺), 동벽쪽 낮은 지역에서는 우물과 저수지가 각각 확인되었고, 그 외에 장수의 지휘소였던 장대지(將臺址)를 포함하여 10여개의 건물터가 발견되었다.

이 산에 자주 가건만 꼭대기에 오른 것은 오직 한 번. 그러나 발가벗은 노을과 대청호 물빛의 어울림, 산성에서 떠올리는 옛 조국 백제의 아득한 황홀의 목숨, 그리고 손에 쥐고 느끼는 싱그런 자유와 평화….

이것이 오늘 문자로 알리는 졸시〈계족산 올라 보아라〉이다.

쓰는 고통만큼 느끼는 기쁨이 있는 것인가 또 자문해 본다.

대전일보 2008. 10. 30

계족산 노을

Poem

# 대청호 詩行

산골내기 물 모아서
그리도 큰 호수 만들고
대전, 중부 몸에 스미는
자양(滋養)의 젖줄 이루었다
가슴에 묻고 지낸
어둠도 슬픔도 다 꺼내 놓고
삶의 옆구리, 그 대청호 돌아 돌아
인공의 수려한 땀방울 살펴볼 일이다
물보라 부서지는 그리움 날려볼 일이다
깨어나 울렁이는 저 추억 짚어볼 일이다
산에서 내려오는 나무들
크고 작은 가지 사이로
하늘 오르는 푸르름 온통 껴안고
물 정기(精氣) 맑게 굽이치는 것
내 힘줄 내 심지로 당겨볼 일이다.

대전일보 2008. 10. 9

▲ 대청호 - 유람선 선착장

# 온 국민 발길 머무는 천혜경관

대청호는 1980년 12월 대전시 대덕구 미호동(좌안)과 충북 청원군 문의면 덕유리(우안) 사이의 금강 본류를 가로막는 대청다목적댐(높이 72m, 길이 495m. 체적 123만 4000㎥)의 준공으로 인하여 생긴 인공호수이다.

이 호수는 우리나라에서 세 번째로 큰 규모이며 14억 9,000만 톤의 저수용량을 가지고 있어 대전시민의 식수를 공급하는 젖줄 역할을 하고 있다. 아울러 금강유역의 홍수피해를 크게 줄이는 한편 청주지구, 금강하류지구, 만경지구에 농업용수를 공급하고 청주, 공주, 부여, 논산, 천안, 아산, 장항, 군산, 전주, 익산 등지에 생활용수와 공업용수를 공급하여 역시 우리나라 중부권의 젖줄 역할을 하고 있다.

천혜의 아름다운 경관을 배경으로 국민의 발길 머물게 하는 뜻있는 문화행사를 정착시킨다면 금상첨화일 것이다. 대전시(대덕구-동구)와 한국수자원공사가 연계해서 뜻을 다듬어 보면 청남대 관람을 능가하는 관광객 유치 전략이 없는 것은 아닐 것이다.

〈대청호 시행〉은 대청호 또는 그 주변 풍경에서 안겨오는 시심의 발동을 서정으로 그리면서 물의 정기를 힘의 근원으로 당겨 본 것이다.

대전일보 2008. 10. 9

▲ 대청호 벚꽃길에서 (2009. 4월)

# 제3부

# 풀잎에 이름 놓고

- 박팽년 (1417-1456)
- 김 정 (1486-1521)
- 권 시 (1604-1672)
- 송준길 (1606-1672)
- 송시열 (1607-1689)
- 김만중 (1637-1692)
- 송병선 (1836-1905)
- 신채호 (1880-1936)

Poem

# 취금헌 박선생 유허에서

역사의 뼈대를 어루만지며
슬픔의 뿌리를 캐던
오백년 저 넘어 사육신 박팽년
나고 자란 집터 장절정 이르러
찬 날씨 꽃피는 넋
오롯한 진실 다시 만난다

설복하는 귓속말 온전한 목숨도
일편단심 휘젓지 못하였고
삼족을 다 사르는 끝없는 위협도
절개 의리 부수지 못하였다
피 맑은 충신, 얼 밝은 설움만
한가람 가득 푸른 물결이었다

멀리 내 앞의 풍파 밀어내고
가슴 옷깃 따스하게 여미고
그 정신 가득한 보람 간직할 수 있을까
그 정신 넉넉한 자랑 선양할 수 있을까
세상에 물어본다 오늘 이 부끄런 자리
초라한 비석이여, 우리문화의 비취여!

길게 날숨을 쉬며 새 날이 오고 있다
꽃들은 새 날을 함성으로 맞을 것이다.

대전일보 2008. 6. 26

▲ 박팽년 유허비 (대전광역시 동구 가양동 161-1)

# 세월에 잊혀가는 의(義)를 되새기며

취금헌 박팽년(1417-1456)선생은 수양대군(세조)이 황보인, 김종서 일파와 안평대군(세종의 3남)을 죽이고 왕위를 찬탈하였을 때 형조참판으로 임명되었으나 성삼문 등과 단종 복위를 모의하다가 김질의 밀고로 잡혀죽은 사육신의 한 사람이다. 처음의 모의를 숨기고 삶을 얻으라는 세조의 설복도 아랑곳하지 않았고 3족(친가, 외가, 처가)을 멸하는 절명의 위험도 사양하지 아니한 그는 "의(義)는 천금처럼 무겁고 목숨은 털끝처럼 가볍게 여겨 인(仁)을 이루고 의에 나아간" 절의정신의 대표적 충신이며 선비이다.

선생의 유허를 잃을까 염려하며 유림들이 헌종 9년(1688)에 비를 세웠고 동왕 13년(1672)에 비각을 세워 장절정(壯節亭)이라 하였다. 비문은 송시열 선생이 지었고 송준길 선생이 글씨를 썼다. 6.25전쟁 때 비각이 파괴되어 비신만 남아있던 것을 선생의 16대 자손 박상동이 비각을 다시 세워 지금에 이르고 있다.

1981년 유허비 앞에 현대식 한글비문 새김판(송각헌 번역·조종국 글씨)을 설치하였는데 흐리고 빽빽하여 알아보기 힘들고, 돌보는 사람 아무도 없이 주변엔 허섭쓰레기가 현실을 비웃고 있다. 용운도서관에 세워진 「박팽년시조비」가 이곳에 옮겨진다면 쓸쓸함이 감소될 것이다.

새 날을 함성으로 맞이할 그 아름다운 꽃들을 그리며 초라한 비석이지만 우리 문화의 보석(비취)을 무엇보다 가치 있게 생각하는 마음을 촉구해본다.

대전일보 2008. 6. 26

■ 박팽년 시조비

頌詩

김용재

사람마다 슬픈 가슴
벙벙한 그리움 심어놓고
靑史의 갈피갈피
속 우린 영혼의 꽃 피는가
어진 뜻 곧은 절개여
천년을 더 희게 빛나라.

『박팽년의 생애와 문학』, 1998
김용재 시집 『저기, 어둠의 실루엣 허물어진다』, 2008
《문학시대》21호, 2008. 12.
『대전사랑시선집』, 2009

Poem

# 충암 김정 선생을 추모함

사서에 통한 수재 문과에 장원이네
벼슬길 개혁운동 새 정치 밀고 끌고
현량과 설치하여 소격서 없앴네
상호부조 · 권선징악, 향약은 큰 업적
새소리도 낭랑하게 사위에 퍼졌으리

그러나 세월 무상, 곧은 길은 짧게 눕고
원앙도 피흘리던 중종14년
수구파 기묘사화 나라 이상 불에 탔나
조광조 일파 만파 우리 선생 유배 사약
마침내 슬픈 마침표 함께 찍었네

순창군수 · 대사헌 · 부제학 · 형조판서,
7권7책 시문집, 『충암집』은 총총 빛나고
역리의 세월 건너 36세 추증 영의정
수몰 피해서 신하동, 여기 터전 잡으셨네
물빛보다 밝은 등불 아련히 밝히옵고.

대전일보 2008. 8. 28

김정 선생 국역신도비
(대전광역시 동구 신하동 268-5)

# 개혁 부르짖던 님의 흔적 그리워

충암 김정(沖菴 金淨 1486-1521)선생은 10세에 사서(四書)에 통한 수재로 약관 20세에 문과에 장원급제하고 조선 중종때 형조판서에 이르렀으며 개혁정치에 앞장선 문신, 열사이다. 현량과(賢良科 : 과거제도)를 설치하고 소격서(昭格署 : 성신에게 지내는 제사를 맡은 관아)를 폐지하고 상호부조와 권선징악을 취지로 한 향약(鄕約 : 향촌의 자치규약)을 전국에 알리는 일에 선봉이 됐다. 그러나 기묘사화 때 수구파에 밀려 조광조 등과 함께 감옥에 갇혔다가 금산에 유배된 후 제주도에서 사약을 받았다.

시문에도 능하여 7권7책의 『충암집』을 남겼으며 영조 24년(1748)에 영의정으로 추증(追贈)되었다.

1978년 대청댐 수몰로 인해 충남 대덕군 동면 내탑리에서 대전시 동구 신하동 288-5번지 이곳으로 묘소 일원을 옮기고 대전시 문화재 자료 제 25호로 지정하였다.

우암 송시열이 충암 선생의 성품을 '높은 산과 같고 넓은 바다와 같다(山高海活)'고 한 데서 유래한 유생들이 공부하던 산해당(山海堂)과 위패를 봉안한 별묘, 부인 은진송씨의 정려각이 함께 있다. 그리고 충암 선생 탄신 500주년 기념사업회에서 1987년 10월 국역신도비(당시 비문 좌의정 이정구 - 국역 청주대 김홍철 교수)를 세웠다.

6촌 시동생과 앞뒤 모습 똑같다고 반기며 꼿꼿이 안내해 주던 16대 종손부 95세 할머니의 인정이 더불어 그립다.

대전일보 2008. 8. 28

Poem

# 도산서원에서

숯뱅이동 동쪽 유등천 기슭에
야트막히 뻗어내린 도산, 의롭다
그 산에서 제일로 우뚝한 남선봉 아래
유림들 많이 살던 서원말 옛터
산에 붙은 그 마을 양지쪽에
도산서원 참으로 유유하다
벼슬 버리고 도학 몰두한 권득기 선생과
조선의 안자(顔子)라던 그의 아들 탄옹선생
낙향하여 은거하며 제자들 가르치던 곳
그렇구나, 선비들 강학소 옹기종기 앉아있다
서원 사적비와 부자간의 문집 판목,
탄옹선생 묘와 묘갈 신도비가 함께 있고
옳은 일 곧은 일, 스승 같은 그림자는
한 걸음 걸음마다 따라다닌다.

대전일보 2008. 9. 4

도산서원 (대전광역시 서구 탄방동 233)

# 올곧은 길 가고자 했던 선비정신 물씬…

서구 탄방동 23번지. 문화재자료 제3호 도산서원. 문과에 장원급제하고 예조좌랑을 지낸 조선조의 유명한 학자 만회 권득기(晩悔 權得己 : 1570-1622)선생과 그의 아들인 탄옹 권시(炭翁 權諰 : 1604-1672)선생을 추모하기 위하여 1693년에 세운 서원이다. 서원에 강당으로 사용한 명교당(明敎堂), 유생들의 숙소인 지선재(止善齋)와 시습재(時習齋)가 있고, 권득기, 권시 두 분을 모신 함덕사가 있다. 1987년 안동권씨 탄옹공파 종중에서 세운 숭모각에는 만회 권득기 선생 문집 328판과 권시문집 282판이 보관되어 있다. 서원 위쪽으로 탄옹 묘소(최근 대전시 문화재자료 51호 지정)가 있다.

이곳이 옛 서원말(書院村)이며 도산서원은 마을 뒷산 도산(道山)에서 유래했고, 대원군의 서원 철폐령(1868) 이후 1968년, 1973년 두 차례에 걸쳐 복원하였다.

탄옹 선생은 한성부 우윤과 한성부 좌윤을 역임했고 학문과 덕망을 갖추어 추앙을 받는 학자로서 공자의 수제자인 안자(顔子)에 곧잘 비유되었다고 하며 죽은 뒤엔 정2품 의정부 좌참찬 겸 오위도총부 도총관에 추증되었다.

졸시 〈도산서원에서〉의 마지막 2행은 탄옹 선생의 그림자를 주제로 한 시 1행 '한 걸음 움직일 때 마다 네가 벌써 따르니(一步動時爾已隨)'와 4행 '옳은 일 그른 일도 네가 스승 되어다오(曲直正邪爾作師)'에서 유추구조로 인용한 것이다.

대전일보 2008. 9. 4.

Poem

# 꽃눈 살아있는 사철 봄이어라

눈 쌓이고 적막 쌓이고
툇마루에 허공 누워 있어도
정명온수(精明溫粹)
총명하고 옥같은 양반
사람마다 동춘당 심취케 한다
비록 아파트 숲에 싸여
정기(精氣) 가리고
옛날 잘 보이지 않지만
글문 열기 인재 키우기
문장도 글씨도 보물로 남고
머뭇머뭇 아련한 한나절
꽃눈 살아있는 사철 봄이어라
초연물외(超然物外)
옥류각 물소리도 여기 들린다
이제 무심과 생심의 안팎
역사의 정적을 묻지를 수 있을까
바람이나 끌고 다니며
바람속 시 한줄 홀로 새긴다.

대전일보 2008. 7. 24

# 속세에 초연한 순수의 글귀 새겨본다

동춘당 송준길(1606-1672)은 쌍청당 송유의 7세손으로 조선후기의 문신이며 학자다. 대사헌, 병조판서, 우참찬, 이조판서 등을 지냈으며 죽은 후에 영의정에 추증되었다. 송시열은 그를 가리켜 정명온수(精明溫粹 : 아주 깨끗하고 밝으며 온화하고 순수함)하며 옥같은 선비라고 말하였다.

동춘당 공원에는 선생이 독서와 교육을 하면서 인재를 양성하던 우리나라 보물 209호의 회덕동춘당과 동춘선생고택(유형문화재 제3호)이 있고 선생의 둘째 손자 송병하가 분가하여 거주한 송용억 가옥(민속자료 제2호)이 있다.

동춘당 (대전광역시 대덕구 송촌동)

옆으로 돌아서면 '선생의 증손자 며느리(병하의 며느리) 호연재(浩然齋)김씨 시비가 세워져 있어 "살아 움직이는 봄과 같아라"는 동춘(同春)의 의미를 상승시키는 듯 하다.

인근의 비래동 산 중턱 옥같이 맑은 물 흘러내리는 곳에 당시의 유명한 학자들과 함께 학문을 닦기 위해 세운 옥류각(玉溜閣)이 있는데 앞쪽 바위에 선생 친필의 초연물외(超然物外)라는 글씨가 새겨져 있다. 물질에 치우치지 않는 태연하고 의연한 세계일진대, 속세의 물욕에 빠진 사람이 어이 역사의 정적 그 교훈을 깨울 수 있을까 생각해 본다. 뭇사람 뭇소리보다 바람에 실려오는 시 한 줄이 그립다.

대전일보 2008. 7. 24

Poem

# 남간정사

밤낮없이 하늘 열려 있었다
하늘 아래 어느 세상이거나
정신 하나 꽃꽃하고
의지 하나 참으로 대범한
참스승, 나라의 큰 선비
예서 오래 슬기 닦았다.
서걱대는 역사의 전면에서
차가운 한 시대 이끌었고
때로는 초야에 칩거하면서
사색의 글로 삶의 자양분 공급하였다.
그렇게 뜨거운 마음
그렇게 장대한 여유
배움터 남간정사 기둥 세웠다.
이 건물 대청 밑으로
샘물 흘러 연못에 간다.
가슴 질러 뜻에 닿는
실팍한 이승의 삶 그리며
연못에 눈빛 담근다
햇살 한 겹 숨결 찾아서.

대전일보 2008. 7. 10

▲ 남간정사의 겨울 (대전광역시 동구 가양동 65)

# 햇살 한 겹의 숨결 같은 정신

우암 송시열(1607-1689)선생은 조선후기 문신이며 도학가이며 정치가다. 노론의 영수로 이조판서 · 우의정 · 좌의정 등을 지내며 일생을 주자학 연구에 몰두하였고 기호학파의 주류를 이루었다. 28세부터 82세까지 50년간에 걸쳐 소명(召命)과 임명을 받은 것이 무려 109회이고 이에 응한 것은 26회인 것으로 알려져 있다. 또한 888책으로 된 『조선왕조실록』에 한 사람의 이름이 3,000번 이상 나오는 것은 우암 한사람뿐이라고 한다. 이러한 점으로 보아 나라의 대소길흉사에 우암이 관여되었음을 알 수 있으며 우암의 위치가 얼마나 중요했나를 파악할 수 있다.

우암사적공원은 선생의 글과 일대기를 모아놓은『송자대전(宋子大全)』의 목판과 남간정사를 비롯 서원건물 8동과 유물전시관 등 주변의 조경과 더불어 대전의 명소로 꼽히고 있다. 특히 남간정사(南澗精舍)는 우암선생이 학문을 연구하며 제자들을 가르치던 곳으로, 뒷산 샘으로부터 내려오는 물이 건물의 대청밑을 통해 연못으로 흘러가도록 하였는데 이는 우리나라 건축조경의 백미로 일컬어진다. 남간은 양지에 흐르는 개울이란 뜻으로 주자(朱子)의 시 운곡남간(雲谷南澗)에서 따온 이름이라 한다.

전통윤리나 역사의 참교육, 그리고 세상 다스리는 지혜라고 할까, 가슴 질러 그 뜻에 닿는 이승의 튼튼한 삶을 꿈꾸며 햇살 한겹의 숨결 같은 선생의 정신, 남간정사에서 또 찾아본다.

대전일보 2008. 7. 10

Poem

# 풀잎에 이름 놓고

우리글 효심소설 『구운몽』 아시는가
인현왕후, 장희빈, 『사씨남정기』도 아시는가
대전시 전민동 명문거족 선비마을
서포선생 정려각, 문학비는 보셨는가

천둥소리 우르르 떨친, 그렇지요 걸작
태산준령 선구의 함성, 그렇지요 자랑
풀잎에 이름 놓고, 이곳 잠시 다녀들 가시게
역사의 달빛 넘어 가슴도 한번 열어보시게.

대전일보 2008. 8. 21
『빛의 발자국』 한국시문학문인회, 2009

▲ 서포 김만중 선생 문학비 (대전광역시 유성구 전민동)

# 허망한 삶의 중압 무너뜨리다

유성구 전민동 허주촌(虛舟村) 선비마을엔 대전시 문화재자료 제 7호인 김반과 김익겸의 묘가 왕릉처럼 유별나게 드러난다. 허주 김반(金槃 : 1580-1640)은 예학의 비조 사계(沙溪)선생의 아들이며 인조 때 문신으로 대사헌 · 이조참판 등 여러 관직을 거쳤고 죽은 후 영의정 벼슬이 내려졌다. 김반의 아들 익겸(益兼 : 1614-1636)은 인조 13년 사마시에 합격하고 벼슬길에 올랐으나 다음해 정축호란 때 강화도에서 순절한 충신이며 죽은 후 역시 영의정 벼슬이 내려졌다.

서포 김만중(西浦 金萬重 : 1637-1692)은 사계의 증손, 익겸의 유복자로 숙종 때 문신이며 선구적 소설가로 걸출한 이름을 남겼고, 이곳 선영(先塋) 주변에 전국의 선비들이 모인 서포기념사업추진위원회에서 조선 숙종 32년에 내린 정려의 집(旌閭閣)을 짓고 조각석상의 영정을 모셨다. 그 앞에는 좌측으로 「문효공서포김선생휘만중효행숭모비」가 서 있고 우측으로 「서포 김만중 선생 문학비」가 서 있다.

서포선생은 정시문과에 장원으로 급제하고 경기 암행어사를 거쳐 동부승지, 예조참의, 공조판서, 홍문관대제학을 역임하였고 한문소설을 비판하며 참된 우리 문학을 주장하는 국제적 걸작의 국문 소설을 썼다. 『구운몽』은 민씨의 폐비설을 반대하다가 남해로 귀양가 있을 때 지은 소설로 어머니의 외로움을 달래드리기 위한 효심이 바탕이 되었고, 인간의 모든 부귀영화와 공명이 일장춘몽

임을 제시하고 있다. 『사씨남정기』는 숙종이 계비인 인현왕후를 퇴출하고 궁녀 장희빈을 왕비로 맞아들인 데 대해 왕의 마음을 뉘우치게 하려고 지은 것이라 알려져 있다. 일부다처제에서의 사랑싸움, 권선징악 등의 주제의식이 융합되어 있다 할 것이다. 그 외에도 『서포만필』, 『서포집』, 『고시선』 등 문학적 공적이 크고 높다.

서포선생을 추모하며 허망한 삶의 중압 무너뜨리고 역사의 가슴도 문학의 가슴도 나의 가슴도 열어보자는 생각이 〈풀잎에 이름 놓고〉를 아우르는 말이 될 것이다.

대전일보 2008. 8. 21

▼ 서포 김만중 선생 효행정려각 - 효행비 - 문학비

Poem

# 상처를 깨물고

일본정부는 재동경일본외무성에 의하여 금후 한국의
외국에 대한 관계 급(及) 사무를 통리(統理) 지휘하겠고
일본국의 외교대표자 급 영사는 외국에 있는 한국의
신민(臣民)급 이해(利害)를 보호할사.(을사5조약 · 1)

일본정부는 그 대표자로 하여금 한국황제폐하 궐하(闕下)에
1명의 통감을 치(置)하되 통감은 전(全)혀 외교에 관한 사항을
관리하기 위하여 경성에 주재하고 친히 한국황제폐하에
내알(內謁)하는 권리를 유(有)함…(을사5조약 · 3)

일청전쟁, 일로전쟁 다 이겨먹고
1905년 광무9년 을사 5조약
일본국 싸가지는 한국을 먹겠다는 것, 그래서
내각 인물 5적을 처단하고 국권을 회복하라고,
우리 송병선 선생 순절하고…
1910년 융희4년 한일합방
대한제국 마지막, 빼앗기지 않으려고
외치다 외치다 아우 송병순 선생
울분 끝에 자결하였지…
세월 오래 지나도 변함이 없는 일
나라 지킨 절개 의리 황금빛이네
오, 황금빛 출렁이는 대한민국이여, 문충사여,
상처를 깨물고, 새로 새겨봄일세

독도는 필사의 우리 섬
대마도는 그리운 우리 섬이었네
북한은 한 핏줄 대한민국
저기 저 만주도 우리 땅이었네
이상 통치권리를 대한민국이 유함, 어떨까.

대전일보 2008. 9. 11

▼ 문충사 (대전광역시 동구 용운동 356-1)

# 조국에 몸바친 숭고한 정신 되새기며

문충사(文忠祠)는 구한말 충신이며 유학자인 송병선(宋秉璿 : 1836-1905)과 송병순(宋秉珣 : 1839-1912) 형제의 위패와 영정을 봉안하고 제향을 올리는 곳이다. 대전시 동구 용운동 356-1 번지에 위치하고 문화재자료 제4호로 지정되었다. 처음에는 1908년 충북 영동에 세워졌는데 송병선 순국 60주년 사업으로 1966년에 그의 탄생지이며 순국지인 현 위치에 옮겨 짓고 1970년에는 강당인 용동서원을 지었다. 입구에 홍살문과 충신 정려각이 있다.

송병선은 호 연재(淵齋) 시호 문충(文忠)이며 우암 송시열의 9대손으로 서연관 · 참판 · 대사헌을 역임했고 을사조약(1905)이 체결되자 을사5적의 처단과 국권회복을 바라는 상소문을 올리고 순절하였다. 죽은 후에 의정대신에 추증되었고 1962년 3월 1일 대한민국건국공로훈장이 추서되었다. 저서로 『근사속록』, 『동유연원록』, 『무계만집』, 『동감강목』, 『연재집』이 있다.

송병순 역시 유학의 석학으로 호는 심석재(心石齋)이며, 1910년의 굴욕적인 한일합방을 반대하다 울분 끝에 자결하였다.

그런데 문충사에 가 보면 안내문도 없이 자물쇠를 채워놓고 폐허 · 폐가를 연상케 한다. 비록 이곳만은 아니지만, 도심지 주택가에 좁은 땅도 아닌데 방문, 참배, 탐방, 견학 등 사람을 맞이할 수 있고 연구 모임, 세미나 수업 등 역사의 산 교육장으로 활용할 수 있는 방법을 충분히 고려해 볼 수 있을 것이다. 아니면 현재의 남새밭에 아담한 문충도서관이라도 세운다면 얼마나 값이 있겠는가.

대전일보 2008. 9. 11

Poem

# 고우나 고운 핏덩이의 사랑

저 새벽 별빛 큰 줄기와
눈빛 모두고
방방곡곡 겨레의 가슴마다
나라 얼 심기
참으로 쓰리고 아련한 나날이었네
콩죽이나 나물죽으로 연명하며
붉고 진한 역사의 숨결
덥썩 움켜잡고
닐니리 노래를 부를 수 있을까,
무너지는 마음 세우고 또 세우곤 했네
망명의 땅 청도에서
그리고 상해에서 북경에서
쟁취하는 독립의 정신 깃발로 높이고
나와 나 아닌 자, 투쟁의 역사를 익히고
'고우나 고운 핏덩이'의 사랑 꽃피우고
그 사랑 의무와 보람으로
뜨겁게 불을 밝혔네
그러나 차가운 철창
한 많은 인생의 막은 내리고
흘러간 세월 멍멍한 우리들의 땅에서
선생의 삼간 초가집 우러르며
혼불찾기, 우린 머물러 있었네.

《중도포커스》1995. 9월호
김용재 시집 『머물러 있던 시간의 비상(飛翔)』, 2002
대전일보 2008. 8. 14

# 간절한 조국 독립, 울렁이던 외침

나는 네 사랑 / 너는 내 사랑 / 두 사랑 사이 칼로써 베면 / 고우나 고운 핏덩이가 / 줄줄줄 흘러 내려오리니 / 한 주먹 덥석 그 피를 쥐어 / 한 나라 땅에 고루 뿌리니 / 떨어지는 곳마다 꽃이 피어서 / 봄맞이 하리.

단재 신채호(1880-1936)선생의 대표시 〈한나라 생각〉의 전문이다. 1910년 4월 중국으로 망명한 후 상해에서 쓴 이 시는 조국과 민족에 대한 애정을 피 뿌리듯 뜨겁게 보여주며 꽃피는 독립의 봄맞이를 염원하는 간절함이 배어 있다.

〈고우나 고운 핏덩이의 사랑〉이란 제목은 단재선생 싯구에서 인용했으며 광복 50돌 기념 독립지사 유적 순례시로 1995년에 이미 발표한 작품이고 나의 시집 『머물러있던 시간의 비상』(2002)에 수록되어 있다.

선생은 온 몸으로 민족을 위해 헌신한 독립유공자이자 진보적 사회혁명가였고 선각적인 언론인이며 사학자였으며 문필가였다. 1928년 일본 경찰에 체포되어 중국 여순 감옥에 수감되었다가 1936년 2월21일 57세의 나이에 옥사하였다. 중구 어남동 도리미 마을에 생가가 복원되어 있고 대전광역시에서 건립한 「단재신채호선생상」과 고령신씨 대종회에서 건립한 「단재신채호선생유허비」가 선생의 정신을 전하고 있다.

대전일보 2008. 8. 14

▲ 단재 신채호 생가 터 (대전광역시 중구 어남동 233 )

▼ 단재 신채호 동상 (대전광역시 중구 어남동 233 )

제4부

# 대전에도 태양이 있습니다

- 대덕밸리
- 대덕연구개발특구
- 국립중앙과학관
- 뫼비우스의 띠
- 지질박물관
- 시민천문대
- 한빛탑
- 과학공원

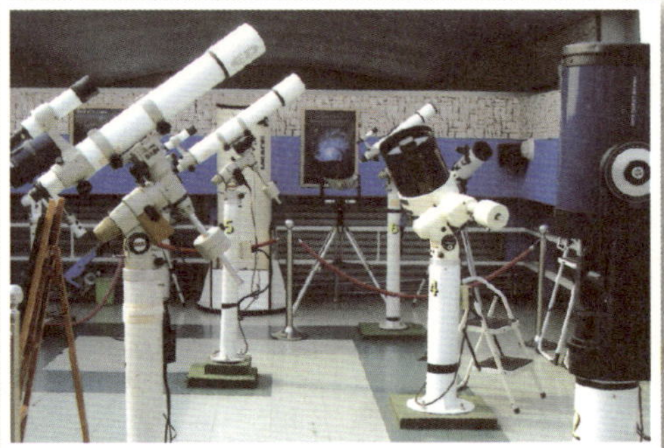

Poem

# 큰 꿈은 일어나 날개를 달고

경련을 일으키던 강물에
이젠 팔매질, 돌을 던진다
빈혈로 어지럽던 태만에
이젠 거센 박동을 키운다
손실로 삐걱이던 방종에
이젠 튼실한 빗장을 채운다
오랜 목마름에 피를 뿌리고
비릿한 포용에 채찍을 넣고
저 관능의 속살엔 어깨춤을 심는다
그리하여 첨단기술 개발하고
산업화, 부강한 나라 만들고
21세기 우리 경제의 주도적 역할 하자고
역동과 선도의 손 흔들며
여기 벤처산업의 요람, 대덕밸리
혁신의 중심에 있다 자랑으로 서 있다
큰 꿈은 일어나 날개를 달고.

《호서문학》43호, 2009. 여름

◀대덕밸리 선포 기념비

한국 벤처산업의 요람으로 성장하고 있는 이곳 대덕연구단지와 그 주변 일대를 세계적인 벤처 밸리로 발전시켜나가기 위하여 대통령이 참석한 가운데 대덕밸리 선포식을 거행하고 그 뜻을 이 표석에 담아 세우다

2000. 9. 28
대전광역시장

※이 기념비는 현재 엑스포과학공원에 있다.

# 과학에 시를 심고, 시에 과학을 심다

대덕밸리는 좁은 의미에서는 대덕연구단지를 중심으로 제 3, 4 산업단지, 대덕테크노밸리, 자운대 및 계룡대, 유성관광특구, 둔산행정타운, 원도심 산업을 연결하는 틀 및 성장축을 말한다.

넓은 의미로는 벤처기업의 요람 대전을 중심으로 충남 천안, 아산테크노파크, 충북 청주 · 오창과학산업단지, 전북 전주 · 익산의 신벤처 육성지구를 아우르는 중부권 삼각지를 말한다.

『대전의 역사와 문화』(2006. 대전광역시) p. 161

대덕밸리는 1974년 「대덕연구단지」로 출발하여 한국표준과학연구원 기공(76), 한국전자통신연구원 창립(85), KAIST(Korea Advanced Institute of Science & Technology · 한국과학기술원) 입주(90) 등 발전을 거듭했고, 1994년에 대덕전문연구단지 관리본부가 설립되었으며 2000년 첨단기업이 입주하면서 그 선포식을 갖게 되었다.

과학의 중요성을 인식하면서 그 과학이 시와 교제하는 정신적 해후의 장을 마련한 것이 이 시의 골격이다. 가난의 경련과 태만, 생활의 방종과 오랜 목마름, 그리고 비릿한 포용이나 저관능의 속살 같은 안주의 사회에 과학적 생동의 이미지, 과학적 변화의 마인드를 이식해 본 것이 〈큰 꿈은 일어나 날개를 달고〉의 시정신인 것이다. 과학에 시를 심고 시에 과학을 심는, 그런 작업과정이라 보아도 좋을 것이다.

Poem

# 대전에도 태양이 있습니다

한국의 태양이라 불립니다
차세대초전도핵융합연구장치(KSTAR)는
국내기술로 12년간 설계 제작된
세계 최대 세계 최초, 과학의 성과랍니다
태양에너지의 원리인 핵융합 반응을
인공적으로 만들어 미래 청정에너지원으로
개발하기 위한 것이랍니다
그것뿐 아닙니다
대한민국 슈퍼컴퓨터
대한민국 표준시계
대한민국 최대 전자현미경
세계가 탐내는 고성능 다목적 원자로
초전도 에너지 저장장치
다목적 실용위성, 아리랑 2호
심해무인잠수정, 해미래
신개념 플라스틱원료 제조장치
세계 최초 모바일 질병진단 나노바이오센서
지능형 로봇 휴보 등, 등등합니다
대덕연구개발특구 자랑입니다
이츠대전 상상초월입니다
대전에도 태양이 있습니다.

《호서문학》43호, 2009. 여름

# 대덕연구개발특구의 자랑거리

우리나라에서 대전 하면 떠오르는 이미지는 과학도시이다. 대덕연구단지는 지난 30여 년동안 약 40조를 투입한 대한민국 최고의 첨단과학기술의 메카이다. 어느 도시가 대전 같은 과학도시로 성장하려면 앞으로 30년 이상이 걸린다. 그런데도 대전시민들은 이러한 보물을 마치 공기처럼 가끔 잊고 살거나 우리 삶과 별로 상관없는 것으로 여기고 있다. 그러나 대전의 미래 먹을거리는 대덕연구단지에서 찾아야 한다. 대덕에서 연구하고 개발한 첨단기술이 대전에서 실증되고 산업화로 이어질 수 있는 벤처생태계를 형성해 주어야 하는 것이다.

대전일보. 2010. 8. 4(수) 8면
이창기 신임 대전발전연구원장 인터뷰 특집에서

대한민국 지식경제 허브는대덕연구단지 중심으로 축적된 첨단기술분야 연구개발 경험을 기반으로 하여 대덕연구단지와 그 인근을 대덕연구개발특구로 지정하고, 산학연을 연계하여 우수한 공공연구성과를 사업화하고 벤처생태계를 조성하는 등 연구개발 견인형 혁신 클러스터로 거듭나고 있다.

DAEDUCK INNOPOLIS. p. 7

인용한 두 부분의 글로 과학도시 대전과 대전이 각별하게 포용하고 있는 과학의 중요성을 충분히 감지할 수 있을 것이다. 대덕연구개발특구는 2005년에 그 육성에 관한 특별법이 제정되고 지원본부가 설립되었다. 대덕밸리의 바뀐 이름이다.

시 〈대전에도 태양이 있습니다〉는 대전광역시 발행, 「상상초월(想像超越)」이라는 소책자에 소개된 대덕연구개발특구의 자랑거리를 나열한 것이다.

차세대초전도핵융합연구장치를 또 하나의 태양으로 볼 때 세상 사람 모두에게 은혜를 베풀고 영향을 주는 하늘에 있는 그런 태양이 대전에도 새롭게 존재한다는 의미 영역이며, 다른 나라 다른 어느 도시에서 볼 수 있는 태양을 대전에서도 볼 수 있다는 의미는 결코 아닌 것이다.

대전의 자랑이 곧 한국의 자존심이라는 근거를 찾을 수 있다면 딱딱한 과학시도 정신 요소의 큰 자산이 될 것이다.

▲ KSTAR Korea Superconducting Tokamak Advanced Research
차세대초전도핵융합연구장치

Poem

# 국립중앙과학관에서

하늘 저 모서리
구름 한 점 맴돈다
그 가벼움에 안겨
바람 춤춘다
바람이 흔들어주는
말씀의 갈기갈기
공감의 뜻을 잡는다
지금은 흔적없는 삶을 마주보고 있을까
때로는 그 무거움에 기대어
은혜 같은 상식을 잃고
다시 역설을 씻는 힘으로
로봇이나 나노테크놀로지
또는 지혜있는 것,
또는 지각하는 것,
찾는다. 여기 국립중앙과학관에서.

《호서문학》43호, 2009.여름

# 지혜와 지각은 과학의 근본 개념

1990년대 초반 나는 대전문인협회 회장을 하면서 과학에 대한 관심을 더 많이 갖게 되었다. 대전 EXPO 덕분이라고 생각한다.

한밭문화제 행사로 처음, 대전문학세미나를 개최하면서 주제를 「대전엑스포와 대전문화발전을 위한 방향 모색」(1991)으로 잡았고, 제2회 때는 「첨단과학시대의 문학」(1992)이라 하였다. 대전엑스포를 개최하던 해에는 「문학과 환경」(1993)이라 하여 국제세미나로 발전시켰으며 한편으론 국립중앙과학관 강당과 드넓은 주변공간을 빌려 전국한밭백일장을 개최하였다. 문학과 과학은 사실상 대립되는 현대문명의 두 영역이라고 하지만, 그러나 심리적 정신적 입장에서 불가분리의 운명적 관계임을 생각한 것이다. 그 이후 오늘날까지도 엑스포과학공원이나 여기 국립중앙과학관을 산책 삼아 들르곤 한다. 어쩌다 들르는 길이지만 감회가 새롭고 과학의 정신적 영역을 다시 생각하게 된다. 전에 모르던 것을 새롭게 알게되는 기쁨에 젖기도 했다.

"각종 과학기술자료를 전시하고 교육하는 국립중앙과학관은 상설전시관, 특별전시관, 연구관리관, 천체관, 영화관, 시청각실, 컴퓨터실이 있다. 이곳은 국내 최대의 23m 돔 천체관 등 각종과학현상이나 기구를 보고, 느끼고 체험하여 과학의 생활화와 청소년들의 과학 기술에 대한 흥미와 창의력을 키울 수 있는 과학기술의 전당이다." - 《대전관광》, 대전광역시 발행, 2008

〈국립중앙과학관에서〉 - 이 시에서는 로봇이나 나노테크놀로지로 대표되는 과학관이라고 가정해 볼 때 지혜와 지각은 우리가 찾는 과학의 근본 개념이 될 것이라고 생각한 것이다. 로봇은 자동인형, 자동제어, 오토메이션(automation)의 기술영역이고 나노기술은 "머리카락 굵기 10만분의 1 크기의 물질을 원자나 분자단위로 제어하는 기술로 신소재 신기능을 실현하는 새로운 기술 영역"이라고 한다. 객관화를 이끌어내지 못한 주관적 태도라 할지라도 과학이란 대상을 의미있는 문학적 존재로 동화시켜 본 것이다.

▼국립중앙과학관 (대전광역시 유성구 대덕대로 511)

Poem

# 뫼비우스의 띠

장방사각, 예감 몰래 비틀었네
진동파동, 천둥 울듯 일렁이네
표리부동, 벼랑 돌아 떠나가네
곡면상응, 손발 맞춰 웃고있네.

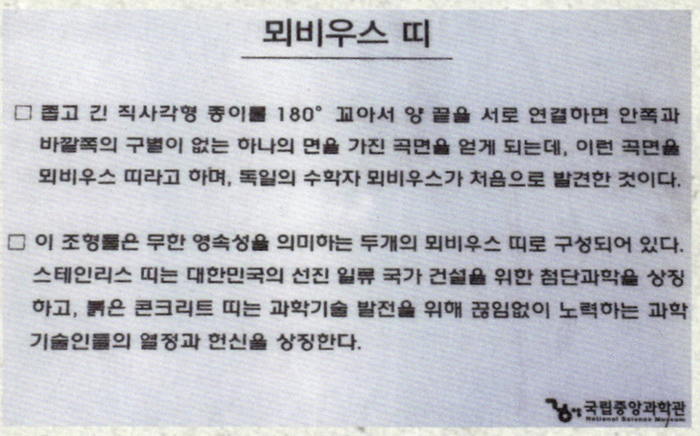
뫼비우스 띠

□ 좁고 긴 직사각형 종이를 180° 꼬아서 양 끝을 서로 연결하면 안쪽과 바깥쪽의 구별이 없는 하나의 면을 가진 곡면을 얻게 되는데, 이런 곡면을 뫼비우스 띠라고 하며, 독일의 수학자 뫼비우스가 처음으로 발견한 것이다.

□ 이 조형물은 무한 영속성을 의미하는 두개의 뫼비우스 띠로 구성되어 있다. 스테인리스 띠는 대한민국의 선진 일류 국가 건설을 위한 첨단과학을 상징하고, 붉은 콘크리트 띠는 과학기술 발전을 위해 끊임없이 노력하는 과학기술인들의 열정과 헌신을 상징한다.

국립중앙과학관

▲국립중앙과학관에 설치되어 있는 뫼비우스의 띠
(대전광역시 유성구 대덕대로 511)

# 상응하며 미소짓는 무한 영속성

장방형(長方形 : 가로와 세로가 같지 않은 긴 네모꼴)의 종이를 한 번 비틀어 양쪽 끝을 합쳐서 붙였을 때 생기는 곡면(曲面 : 공이나 달걀 등과 같이 평면이 곡선으로 이루어진 면)을 「뫼비우스의 띠」라고 한다. 독일의 천문학자이며 수학자인 뫼비우스(Möbius, August Ferdinand : 1790~1868)가 발견했다 하여 붙여진 이름이다.

이 뫼비우스의 띠를 과학 정신의 기본 개념으로 생각하며 시 한 편을 그려보았다. 비록 4행의 단시이지만 새길 시심은 훨씬 증폭될 것이라고 생각해본다

장방사각은 단순한 물체이며, 그저 네모꼴의 객체이다. 결과에 대한 예감을 전혀 결정으로 이끌어내지 않은 채 그 객체에 어떤 힘을 가했을 때 생겨나는 과학적 성과를 생각하면 여기서, 진동은 물체의 위치를 변동시키는 힘의 역할이고 파동은 다른 부분 또는 다른 현상으로 변화되고 전파되는 힘으로의 역할이다.

표리부동은 마음이 검고 불량하고 겉으로 부드러운 듯하나 속으로 비꼬여 있는 위험 요소들을 내포하고 있다. 비트는 힘을 가하여 생겨난 곡면상응의 현상에는 화합, 융합, 결합, 통합의 정신을 대입할 수 있을 것이다.

단순한 객체에 변화의 힘을 가하여 얻어낸 새로운 현상, 그것은 안과 밖이 백일하에 드러나 상응하며 미소짓는 무한 영속성의 의미가 된다. 결국 이 의미를 시정신으로 새긴 것이다.

Poem

## 지질박물관에서

욕망으로 불타던 화석을 본다
어지럽게 추락한 암석을 본다
아득한 고절(高絶)의 광물을 본다
지구의 나이는 그지없는 46억년
셈할 수 없는 것을 셈하며
욕망을 넘기던 목구멍 가시 걸린 듯
지구는 다시 허전한 마음 달래고
대대손손 물려줄 저 열반의 유산
여기 놓고 첩첩 몽돌마음 부른다
절뚝이며 달래보듯 땡볕사랑 부른다
숨바꼭질 뒤늦은 발길 옮기며
필연의 대낮 변모의 희망 가까이
깊은 곳 매장된 시간을 캔다
청솔빛 빛나는 세상을 깨운다.

《호서문학》43호, 2009. 여름

▲ 지질박물관 (대전광역시 유성구 가정동 30)

# 과학 + 문화의 세계를 촉구하며

대전의 과학관광 목차에는 엑스포과학공원 - 꿈돌이랜드 - 국립중앙과학관 - 대전시민천문대 - 한국과학기술원 - 화폐박물관 - 한국지질자원연구원(지질박물관) - 한국항공우주연구원 - 한국생명공학원구원 - 한국에너지기술연구원 - 한국전자통신연구원 - 한국표준과학연구원 - 한국기계연구원 - 한국천문연구원 - 한국원자력연구원 - 특허청발명교육센터 - 대덕밸리테크노마트 등 무려 17개 기관이 소개되고 있다.

모두 찾아가 본다면 좋겠지만 그렇지 못할 경우 선정할 수밖에 없다. 관심분야, 필요에 의한 곳, 가다가 마주치는 곳, 지인의 소개 등등이 찾아가는 이유일 듯하고, 어느 곳이 가장 중요한 곳…등의 말은 곤란할 것 같다.

내가 찾은 지질박물관은 "1918년 지질조사소로 출발한 이후 현재에 이르기까지 연구원이 지속적인 연구사업의 성과로 축적해온 각종 지질표본들은 국제적 과학행사 〈대전EXPO '93〉을 계기로 1992년 설립된 '지질표본관'을 통해 처음 일반인에게 공개(「지질박물관 소개」에서)되었고 화석, 광물, 암석 등 5,000여 점을 전시하고 있다.

지구의 아득한 나이 속에서 캐낸 불생불멸 해탈의 세계, 그 열반의 유산을 놓고 모나지 않고 동글동글한 몽돌(=모오리돌) 같은 마음을 불러 이 시를 구성해 보았다. 과학+문화의 세계를 촉구하기 위함이다.

Poem

# 오우라니아

아무것도 볼 수 없는
그렇게 캄캄한 밤은 없다
무엇이든 볼 수 있는
그렇게 환한 대낮도 없다
생각만큼 볼 수 있고
방관만큼 볼 수 없는
하나의 현상, 하나의 진실이
낮과 밤 사이, 또는 밤과 낮 사이
아련한 시간의 살을 저미고
태양 관측, 금성 관측, 오늘은
가상의 별빛 별자리 여행을 한다
옛날과 함께 꿈을 흔들며
하늘 열고 플러스 세상을 읽는다
마침내 쇠북소리 만들며
오우라니아, 오우라니아,
내맘속 나선(螺旋)의 미혹을 깨운다.

《호서문학》 43호, 2009. 여름

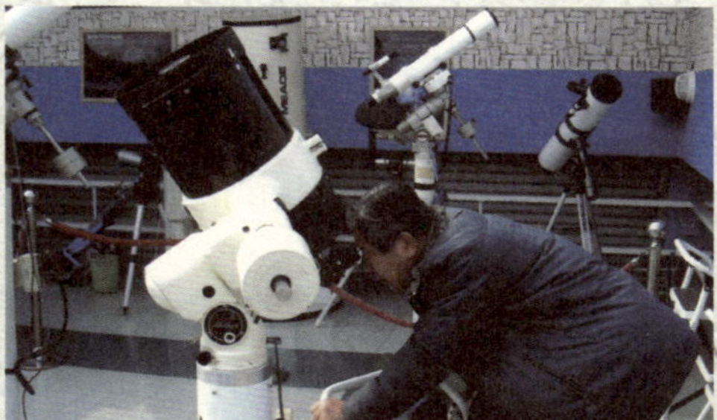

▲대전시민천문대에서 필자가 직접 금성을 관측하고 있다.
(대전광역시 유성구 과학로 137)

# 오우라니아 & 아폴론과의 만남

희랍신화에서 학예를 관장하는 아홉 여신을 모우사이(Mousai)라 한다. 아홉 여신은 모두 제우스(Zeus)의 딸들이며, 제우스와 레토(Leto) 사이의 아들 아폴론(Apollon)에 의해 통솔된다.

아홉 여신은 서정시를 관장하는 에우테르페(Euterpe), 연가를 관장하는 에라토(Erato), 서사시를 관장하는 칼리오페(Kalliope), 역사를 관장하는 클레이오(Kleio), 비극을 관장하는 멜포메네(Melpomene), 찬가를 관장하는 폴림니아(Polymnia), 무용을 담당하는 테르프시코레(Terpsichore), 희극을 담당하는 탈리아(Thalia), 그리고 천문학을 관장하는 오우라니아(Ourania)이다.

천체를 관측하고 대낮의 어둠 속에 누워 별자리 여행을 하며 신화의 세계를 불러본 것은 어쩌면 자연스런 마음상태였을 것이다. 그러나 명상적인 입장에서 자아를 응시하고 나사모양 비틀린 형상의 미혹(迷惑)을 깨우며 오우라니아를 불러본 것은 자기성찰의 플러스 세상이었을 것이다. 여행하며 잠시라도 명상에 잠겨보면 오우라니아, 그리고 시의 신 아폴론(로마명-아폴로)도 쉽게 만날 수 있을 것이다.

▲M51 나선은하

Poem

# 한빛탑 올라보면

과학은 공상의 한 선택일까
공상에게 제공한 의지의 한 기능일까
그 기능이 공상도 저주도 아닌
은혜의 가슴 안쪽으로 끌어내는
조직적 새로운 힘일까
새로운 힘을 주는 빵과 같은 것일까
생각하며 그 빵 한 조각 씹으며
제일의 과학공원, 여기 한빛탑 올라보면
육신의 옷가지 다 풀었는가
갑내 푸른 물소리 미끄러진다
고통의 살덩이 다 화해했는가
식물원 식구들 푸릇푸릇 춤춘다
노래하는 저 태양은 곡조마다 무수한 빛살
오늘도 살에 붙는다, 허공에도 붙는다.

## 문학과 과학은 빵과 물 같은 것

대전EXPO '93. 엑스포와 연관된 문화사업 때문에 자주 가게 되었지만 그 후부터는 또 정이 들어 심심치 않게 이곳을 들락거렸다. 내 집에서 걸어 30분 거리인지라, 휴일의 낮에나 일상의 저녁식사 후에나 아내와 함께 종종 산책코스로 택하기도 했다.

그 때마다 문득 떠올리는 말이 있었다. "과학의 진정한 목적은 인간생활에 새로운 힘과 발견을 주는 데 있다"는 베이컨(Francis Bacon : 1561-1626)의 말과 "문학과 과학은 빵과 물 같은 것"이라는 톨스토이(A. N. Tolstoy : 1883-1945)의 말이었다. 거기에 공상 같은 상상의 세계를 플러스 개념으로 하여 자연이 과학에 흡수되고 과학이 자연에 흡수되는 가능한 지각영역을 탐사해 본 것이 이 시의 탄생 과정이다.

한빛탑은 대전 EXPO '93의 대표적 상징물이며, 엑스포는 10년-20년 대전 발전을 앞당겼다고, 당시 그렇게 평가하였다. 그 한빛탑에 올라보면 엑스포다리와 갑천, 식물원, 평송수련원… 둔산 시가지의 빌딩숲이 펼쳐진다. 과학의 탑에서 과학의 광활한 세계를 보는 그 신선함을 이웃과 함께 누리고 싶다.

한빛탑에서 본 둔산 시가지

Poem

## 과학공원 빈 터에서 · I

- 사과를 깎으며

막막한 무기를 들이대고
그 황홀한 옷을 벗긴다
하얀 순수마저 잘라버린다
과학을 물어뜯고
허무를 씹어댄다
참으로 매끈하고 결 고운 얼굴도
여지없이 죽어가는
처절한 테러 현장을 떠올리며
역설의 사과씨를 뱉는다
과학공원 빈 터에서.

《시문학》, 2010년 8월호

# 과학은 오용을 경계한다

과학은 선과 악, 양면으로 작용하는 도구이다. 이 도구는 변함없이 이용(利用)과 오용(誤用)의 문제에 직면한다.

우리들은 누구나 쉽게 과도(果刀)로 사과를 깎는다. 선과 이용의 과학이 작용하고 있지만 그 과도는 시퍼런 무기로 변할 수도 있다. 그래서 당면의 목적과 성질에 위배되는 사실을 알면서도 통제의 기능이 쉽게 발휘되지 않는 위험한 세상을 살고 있다는 생각을 자주 하게 된다. 테러 현장이나 전쟁 같은 극한의 상황을 생각하면 더 처절해진다.

과학의 오용을 경계하는 의식 세계에 투사된 문학의 역설적 기능을 이 시에서 읽을 수 있기를 기대해 본다.

Poem

## 과학공원 빈 터에서 · II

### - 깨진 유리 한 조각에 대한 단상

어디서 왔는지
깨진 유리 한 조각
보일락 말락, 과학공원 빈 터에 꽂혔다
본래는 맑고 깨끗한 본보기였는데
비틀린 손 닿으면
무기도 되고 적군도 될 것이다
다른 데 버릴 곳을 찾다가
하루가 또 저문다
바람 끝에 실려오는 나뭇잎 음성
예서 헤맨다.

# 과학의 터전에 시의 종자를…

〈과학공원 빈 터에서 · I - 사과를 깎으며〉와 같은 주제이다. 즉 과학의 이용(利用)과 오용(誤用)의 문제가 담겨있다.

'맑고 깨끗한 본보기'는 이용의 절대적 성찰 범위에 존재하고 '비틀린 손'은 오용의 불안한 행동적 존재 개념이다.

오용의 실체 의식을 물리치기 위하여 자연의 순수성을 도입해 보지만 전환의 의지가 강렬하게 작용하지 않는다. 그래서 자연의 음성도 헤매고 있는 것이다.

과학의 발달이 현대의 불안을 가중시킬지도 모른다. 의식채널의 정신문제가 과학 또는 현대의 가슴 속에서 활발하게 제 길을 찾지 않는다면 더욱 그럴 것이다.

과학의 터전에 시의 종자가 무난하게 자랄 수 있고 시의 터전에도 과학의 종자가 뿌리 내릴 수 있다는 명제는 역시 정신영역에서의 문제일 것이다.

한 가지 오해의 여지가 있을 수 있는데, 과학공원 빈 터에서 유리조각은 찾아볼 수 없을 것이다. 가상의 현실일 뿐이며 과학공원은 대단히 정결한 곳이다.

## 대덕특구본부
Daedeok Innopolis Headquarters

대덕 R&D특구의 지정목적은 국가적 차원의 연구 생산성 제고와 혁신도시 건설을 통한 첨단기술사업 육성 등 국민경제의 발전에 기여하고자 하는 것이며 대덕특구의 개발 및 관리, 대덕특구 육성사업을 효율적으로 추진하기 위한 것이다. (대전시 유성구 도룡동 4-27)

— **Innopolis** : innovation(혁신) + polis(도시)

제5부

# 도심에 한 나절 삶을 풀어놓고

- 선사유적지
- 만인산
- 국립대전현충원
- 대전보훈공원
- 뿌리공원
- 대전오월드
- 한밭수목원
- 대전문화예술의 전당

Poem

# 움집이 하는 말

날마다 햇살 찾아와 훈김을 깔아준다
밤이면 앞가지에 올빼미 불을 밝힌다
호호, 비집고 들어와 바람이 손 비빈다
토기나 돌보습, 갈돌, 어망추도 숨쉰다
가락바퀴, 돌도끼, 숫돌도 옛날 그린다
한뜻 하나로 더덩실 쿵쿵 어울려 산다.

대전일보 2008. 6. 5
《문화한밭》제17집. 2009. 10월

둔산선사유적지 - 움집

Essay&Photo

# 어울려 사는 사회 향한 그리움

둔산선사유적지는 대전지방 선사문화의 뿌리와 계통을 알 수 있는 보배로운 장소이다. 이곳에서는 구석기 시대의 고토층(古土層)에서 50여 점의 석기가 발견되었고 중기 신석기 시대의 움집터와 빗살무늬 토기, 땅을 갈 때 쓰는 돌보습, 곡식을 가는 데 사용하는 갈돌, 고기잡이 그물에 다는 어망추 등이 발견되었으며, 청동기 시대의 움집터와 각종 토기, 물레로 실을 뽑을 때 회전을 돕는 가락바퀴, 그리고 돌도끼 · 돌칼 · 돌화살촉 · 숫돌 등이 발견되었다.

이 사실은 대전지방의 역사를 구석기 시대까지 올려볼 수 있게 하였을 뿐만 아니라 대전지방에서 최초로 농경의 흔적과 취락형성의 단서를 제공한 실례이다. 이 유적은 이전 복원 후에 선사유적공원으로 조성되었다.

〈움집이 하는 말〉은 어울려 사는 사회의 사랑을 주제로 새기며 움집의 아늑한 옛날을 새김질하여 그린 것이다. 자연도 동물도 하나가 되고 생활의 온기(溫氣)도 한기(寒氣)와 함께 어루만지며 옛터에서 발견된 각종 생활도구에서 문명과 문화의 숨소리를 간절하게 느낀 것이다.

'움 안에 간장'이란 우리 속담이 있다. 외양은 브잘 것 없으나 내용이 훌륭함을 일컫는 말이다. 음식의 간을 맞추는 흑갈색 그 특유의 간장맛을 움집에서 느끼며 현실 돌아보기는 독자의 몫으로 남긴다.

대전일보 2008. 6. 5

Poem

# 만인산 점경

만인산 만장산 만발 층층 높게 솟았네
이태조 태를 묻어 태봉산 이름도 붙고
천야만야 굽이마다 가팔라서 골도 깊었네
대전천 발원한 곳, 흘러가며 물길 열고
하소동 다랭이논밭 비껴서 누워있네
요즘 다시 푸른 학습원, 삼림욕장 만들고
야영장, 산책로, 휴양 쉼터 자리 잡았네
곱게곱게 야생으로 산 하나 또 그리는가
소정 선생 머들령 시비도 자랑으로 서 있네
야생화 꽃잎 위에 늦도록 햇살은 앉고.

대전일보 2008. 11. 20

▲ 만인산 자연휴양림

# 그 푸른 정취 글로 다 표현할 길 없네

만인산은 대전광역시 동구와 충남 금산군 추부면, 복수면과 경계한 산이다. 산이 가팔라서 올라다니기가 힘들고 산이 높아서 천야만야(千耶萬耶 : 썩 높거나 깊어서 천 길이나 만 길이 되는 듯하다)한 산이라 부른다.

정상(537m)에 봉화대 터가 있고 부근에 만인루가 있으며 동쪽으로는 22.4km에 달하는 대전천의 발원지 봉수내미골 봉수샘이 있다. 태봉터널 위 추부 쪽 산봉우리에는 조선을 건국한 태조 이성계(1335-1408)의 태(胎)를 모셨던 석실(石室) 및 태실비(胎室碑)가 복원되어 있다.

시설로는 만인산 푸른학습원, 체력단련시설, 삼림욕장 및 휴양림, 학습농장, 휴게소 등이 있다.

대전에서 금산으로 통하는 길, 하소동 만인산 휴게소 입구에는 소정 정훈(素汀 丁薰 · 1911-1992) 시인의 대표시 '머들령'을 새긴 시비가 있다. 호서민중대학장, 조선민족청년단 충남도 단장, 호서문학회장 등을 역임했고 대전에 현대시의 뿌리를 내린 큰 시인의 시비가 여기 있다는 것은 자랑스런 일이 아닐 수 없다.

〈만인산 점경〉은 만인산에 정취를 더하고, 푸지고 아름다운 맛을 더하겠다는 의욕으로 썼는데 의욕의 높이에 닿지 않는 詩를 보며 오늘 또 숙고한다.

대전일보 2008. 11. 20

Poem

# 작은 가슴을 열고

## - 국립대전현충원에서

작은 가슴을 열고
조국이 있나 보리라
작은 가슴을 열고
겨레가 숨쉬는가 들으리라
한 평생 닦은 일 무엇인가
내 속에 기록은 되었는가
크게 눈 뜨고 또 살피리라
그리고 아무 것 없는
벽만 남은 가슴이라면
쓰러져 혀를 물거나
의협을 각오하고
이 길 총총 다시 걸어보리라
당신의 혼 하나 맑게 추스르며
뜨겁게 뜨겁게 담아보리라.

대전일보 2008. 11. 27

▲ 국립대전현충원 - 현충지 (대전 유성구 갑동 산23-1)

# 문화의 열린 공간으로 상승의 날개를

국립대전현충원은 1976년 4월에 유성구 계룡로 1558, 현 위치를 선정하고 1979년 8월에 국립묘지관리소 대전분소로 창설되었으며 1996년 6월 1일자로 현재의 명칭으로 변경되었다. 국립대전현충원은 "조국과 민족을 위해 희생하신 순국선열과 호국영령이 잠들어 계시는 곳으로 연간 방문객이 120만 명에 이르는 등 참배객의 발길이 끊이지 않는 민족의 성역"이다. 이곳에는 국가원수 묘역, 애국지사 묘역, 국가 · 사회 공헌자 묘역, 군인 묘역, 경찰관 묘역, 순직공무원 묘역, 그리고 타인의 목숨을 구하다 사망한 위인을 모시는 의사상자(義死傷者) 묘역으로 조성되어 있다.

아울러 국립대전현충원은 2006년 1월 30일 국가보훈처로 소속이 변경된 후 열린 국립묘지를 지향하고 국민들의 자연스런 방문을 유도하기 위해 다양한 문화 행사를 개최하고 있다. 대표적인 것이 보훈음악회, 어린이날 오픈하우스 행사, 윤석중 선생 추모 새싹동요 큰잔치, 나라사랑 현충원길 걷기대회 등이다. 그러나 자랑스런 우리들 국립대전현충원이 값진 삶의 의미를 되새길 수 있는 사랑과 추모의 장소임은 물론 아름다운 문예공원이나 조각공원 등 문화의 열린 공간으로 상승의 날개를 달 수 있기를 기대해 본다.

대전일보 2008. 11. 27

국립대전현충원 – 사병묘역

Poem

# 땅에서 솟는 미

해질 무렵 보훈공원 기억의 벽에 이른다
손 닿을 듯 하늘로 사라져 간
부러진 총칼의 주인공 떠올린다
자유나 평화에게 호소한 새벽꿈의 불길
슬프게 타오르던 제단의 시편 건져 올린다
오만한 세상, 실망의 시간에 쓰러진
혈관 속 더운 피, 조국의 형제들,
영혼 찾아 다시 생각에 잠긴다
씩씩한 팔다리, 아낌없는 희생의 혼불 흔들어,
불나방처럼 득실거리는 무슨 책략이나 가식
그리고 탐욕의 시대나 전쟁의 비애
무너뜨린 영령들 다시 연정이듯 그린다
십자가, 그 사랑이 꺼진 어둑함 몰아내고
무덤이 안전타는 그런 속설도 꺾어내고
사유의 불꽃, 숭고한 정서로 살아있는
땅에서 솟는 미, 여기 들러 마냥
살펴본다. 우러러 본다.

《호서문학》제43호 2009. 여름

# 죽음의 의미는 숭고한 정서로 승화되고

대전보훈공원은 호국영령의 나라사랑 정신과 위훈을 기리기 위해 세운 전국 유일의 추모공원이라고 한다. 대전시 중구 사정동 보문산 자연공원에서 2008년 11월 6일 처음 문을 열었다.

중구 선화동에서 옮겨온 영렬탑과 보훈전시관, 위패봉안소, 추모광장, 전장 7인상 및 수호상 등 한국전쟁 및 월남참전을 기념하는 조형물 등이 세워진 것이다.

중앙에 우뚝 솟은 30m 높이의 영렬탑은 국토를 지킨 한 자루의 총을 형상화한 것으로 영령들의 승천을 두 손에 담아 모았고 뾰족한 상단은 조국애의 불꽃을 상징한다.

보훈가족들은 물론 일반 시민이나 학생들의 나라사랑 정신을 기리는 산 교육장이 될 것이고 휴식공원으로도 그 몫을 단단히 할 것이다.

주검은 땅에 묻히지만 〈땅에서 솟는 미〉는 죽음의 의미가 숭고한 정서로 승화된 것이다.

오만한 세상 실망의 시간으로부터 책략, 가식, 탐욕, 비애의 의미로 점철된 전쟁과 자유, 평화, 조국, 형제, 영혼, 희생, 혼불, 십자가, 사랑 등으로 이어지는 영령들의 정신세계가 이 시에서 다시 꿈틀거릴 수 있다면 목마른 고개 들어 옛 군가라도 불러볼 것이다.

▲ 대전보훈공원 (대전 중구 사정동 200)

Poem

## 뿌리를 위한 송시

어둠과 고통 속에 누워 있다가
어진 물소리 길러 울음 틔운다
굳세게 오랜 삶을 세우고
잎을 내며 빛깔을 품는다
꽃을 피우고 열매를 만들고
아리랑 도라지 심포니 째즈
노래의 날개, 사랑의 뼈, 흔든다
나무도 꽃나무도 자랑 키워 살면서
제 몸은 모두 뿌리에 닿는다
세월은 그 뿌리에 주름을 긋지 않고
가지마다 창창한 숲을 들인다
얼굴마다 방긋한 향내 사른다.

대전일보 2008. 12. 4

▲ 뿌리공원 (대전광역시 중구 침산동 산34번지)

# 마음의 고향, 그 곳에서의 휴식

뿌리는 보통 땅 속에서 수분이나 양분을 빨아올리며 돋 또는 줄기를 떠받치고 있는 식물의 한 기관을 말한다. 뿌리는 또한 깊숙이 박힌 물건의 밑동을 말하기도 한다. 어금니 뿌리니 말뚝의 뿌리니 하는 말들이 이에 속한다. 뿌리의 또 다른 의미는 깊숙이 자리 잡아 굳어진 일의 근본이다. 질병의 뿌리니, 관습의 뿌리니 하는 말들이 이에 해당한다. 사전에 기초한 말이지만 뿌리의 함축적 요소를 더듬어 보면 근본 또는 근원이라는 의미망이 쉽게 형성된다. 그래서 우리들의 삶의 뿌리니 인생의 뿌리니 하는 말들이 오가게 되면 그 때의 뿌리는 곧 시조(始祖), 비조(鼻祖), 조상(祖上)의 의미가 된다.

여기, "뿌리공원은 모든 사람들에게 자신의 뿌리를 알게 하여 경로효친 사상을 함양시키고 한 겨레의 자손임을 일깨우기 위하여 세계 최초로 성씨를 상징하는 조형물을 세운 충효의 산 교육장"으로 대전의 자랑거리가 아닐 수 없다. 우리나라 성씨는 2000년 통계청 기준에 의하면 286성 4179본관으로 나타나 있다. 한 집안의 가문과 이름, 그 뿌리를 기리는 전 국민의 행렬은 대전광역시 중구 뿌리공원길 51호(침산동 산 34번지)로 끊임없이 이어질 것이다. 편의시설이나 조경시설은 물론 문예공원으로서의 역할을 더불어 할 수 있도록 세심한 주의력을 기울여야 할 것이다.

대전일보 2008. 12. 4

Poem

# 엔조이 & 스릴 플러스

큰 산을 밀고 왔습니다
너른 들판을 끌고 왔습니다
비치는 물을 몰고 왔습니다
속찬 바위도 굴려 왔습니다
울안에 또 울타리를 둘렀습니다
적요(寂寥) 누르고 동물의 집 지었습니다
아메리카 검정곰, 벵갈 호랑이, 개코 원숭이,
사자, 코끼리, 기린, 침팬지, 너구리와 코아티,
부엉이, 올빼미, 타조, 하늘의 제왕 독수리,
무플론, 일런드, 와피티, 사불상…
모험의 세계 아프리카 사파리
대전시 중구 사정동 보문산 자락 39-1번지
숲도 가꾸고 공원도 만들고
마을도 심고 도시도 펴놓고
아이와 함께 가족과 더불어
엔조이 & 스릴 플러스…
낮이나 밤이나 자연에 죄를 짓고
인간은 그렇게 죄를 풀고 있나요
쇠창살 울타리 건너
환상의 사람들, 동물이 보고 있습니다
명상의 동물들, 사람이 보고 있습니다.

대전일보 2008. 12. 11

# 인간과 자연, 상호관계의 소중함

사람과 자연의 테마파크라고 알려진 대전동물원은 583,057㎡(17만6천평)의 면적에 130종 600여 마리의 동물을 전시하고 있으며 아프리카 사파리, 놀이기구, 공연장 등을 구비하고 있다. 2002년 5월 5일 첫 출발을 한 일천한 역사의 동물원이지만 "동물전시와 동물 종 보전을 위한 자연 사랑의 실천, 체험과 학습장소의 제공, 즐거움과 행복을 전달하는 시민휴식공원"으로의 역할을 십분 발휘하고 있다. 앞으로는 더욱 동물 전시시설을 확장하고 천연기념물 종 보전센터, 플라워 랜드를 건설하며 다양한 놀이기구 및 물놀이 시설을 확충하여 전국 최고의 테마파크로 발전시키겠다는 포부를 밝히고 있다.

〈엔조이 & 스릴 플러스〉는 대전동물원을 일람하며 동물원과 동물의 세계에 대한 관심을 촉구하고 인간과 자연의 상호관계를 재고해 볼 수 있도록 시심의 안테나를 꽂았다.

조금씩 동물공부를 하면 소양(素養)도 키울 수 있을 것이다. 나폴레옹 1세의 출생지인 지중해 코르시카섬(Corcica) 출생의 양(羊) 무플론(Mouflon), 아프리카산 영양 일런드(Eland), 북미산 큰 사슴 와피티(Wapiti), 중국 원산지의 사슴과 짐승 사불상(四不像). 이 사불상은 머리는 말, 발굽은 소, 몸은 당나귀, 뿔은 사슴과 각각 비슷하나 네 가지가 모두 같지 않다는 뜻에서 지어진 이름이라 한다. 그들의 삶은 더 재미 있을 것이다.

대전일보 2008. 12. 11

대전동물원은 2009년 5월 1일 개장한 플라워랜드를 통합하여 종합테마공원으로 발전하였고 명칭도 대전 오-월드로 바뀌었으며 부지도 총 682,830㎡로 확장되어 중부 이남에서 최대 규모임을 자랑하고 있다. 오-월드(O-WORLD)는 주랜드(Zoo Land), 플라워 랜드(Flower Land), 조이랜드(Joy Land)를 복합적으로 아우르는 말로 사용하고 있다. (네이버백과사전 참조)

▲ 대전동물원 입구

Poem

# 겨울 수목원에서

어깨 위로 씽씽대며
뚝심 같이 겨울 불쑥거려도
고향내 풋풋한 수목원 거닐다 보면
빈 하늘에 무르익는 빛의 줄기 만나고
얼지 않고 물렁한 구름 덩이도 만나고,
서로 만나며 가난한 나무는 보지 못한다
외로운 나무도 보지 못한다
좌익의 나무는 더욱 보지 못한다
그들은 모여서 분수만큼 자리를 잡고
햇살 먹고 달빛 먹고
별빛 먹고 어둠도 먹고
비 바람 눈 서리 또 먹고
시간도 먹고 새소리도 먹고
쾌락도 먹고 우수도 먹고, 그렇게 산다
살면서 그리면서, 어떤 친구는
자나깨나 엽록옷 정장을 하고
어떤 친구는 관습 매달고 노래를 하고
어떤 친구는 맨몸으로 서서 명상을 하고
사철 생동하는 순리에 젖어 있음일까,
나이 든 내 욕망이 두리번 눈을 뜨고
세상 한 번 견주고 간다.

대전일보 2008. 12. 18

# 바람도 놀다 가는 도심 속 안식처

수목원은 시내 변두리, 산 가까운 곳, 또는 산속에 있는 것이 바람직하다고 말하는 사람들이 있다. 그러나 시내 변두리나, 산 가까운 곳이나 산속은 대부분 그 자체가 수목원이다.

여기 한밭수목원은 전국에서 유일하게 도심 속에 조성된 인공수목원으로 정부대전청사와 엑스포과학공원 사이에 위치하고 인근에 갑천이 흐르고 있어 각종 동식물이 서식하기에 좋은 환경으로 평가되고 있으며 그래서 더 좋은 자연학습의 장으로 각광 받고 있다.

아울러 한밭수목원이 자리한 서구 만년동은 대전문화예술의 전당, 대전시립미술관, 이응노미술관이 함께 있고 길 하나 건너 평송청소년수련원이 또한 자리 잡고 있어 문화 예술을 사랑하는 시민들의 관심을 더욱 고조시키고 있다.

이 수목원은 무궁화원 - 야생화원 - 관목원 - 단풍 · 신갈나무숲 - 물오리나무숲 - 감각정원 - 소나무숲 - 상수리나무숲 - 버드나무숲 - 굴참나무숲 - 침엽수림 - 습지원 - 명상의 숲 - 생태숲 - 졸참나무숲이 조성되어 있고 야외학습장, 야외공연장, 잔디광장 등의 시설도 갖추고 있다.

그러나 '도심의 자연에서 아름다운 꽃과 푸른 숲, 그리고 희귀 동식물이 함께 어우러진 새로운 볼거리와 건전한 여가 생활을 도모할 수 있는 웰빙공간으로 애용' 할 수 있도록 더 큰 관심을 기울여야 할 것이다. 특히 겨울 산책을 위한 볼거리 대책은 이대로

▼ 한밭수도원의 겨울

좋은가? 꼭 생각해보아야 할 것이다. 역사라 할 것도 없는 일천한 연륜이지만 대전을 사랑하는 사람들의 기대가 그만큼 큰 것이기 때문이다.

대전일보 2008. 12. 18

한밭수목원은 2001년 12월 처음 착공하였고, 3단계로 나누어 연차적으로 조성하였다. 1 · 2단계 구역은 2005년 4월 28일 개원하여 시민들에게 개방되었고 둔산대공원 내 청소년 수련관 북쪽의 17만㎡를 조성하는 3단계 구역은 2009년 5월 9일 개장하였다. 이곳에는 목련원, 약용식물원, 암석원, 유실수원 등 주제별로 19개 원이 있다.(네이버백과사전 참조)

Poem

# 도심에 한나절 삶을 풀어 놓고

인생이 목을 빼고 있느냐
자연이 가슴 펴고 있느냐
그대 문화가 그럼 무엇이냐
그대 예술이 그럼 무엇이냐

꽃잎일까 가시일까
거울일까 암벽일까
위안일까 역량일까
와인일까 식빵일까
즐김일까 허무일까
필연일까 사치일까
공존일까 부정일까
수용일까 거부일까
결혼일까 배반일까
투쟁일까 놀이일까

생각하는 나이에 꼭 무게가 있는 것은 아니다
판단하는 지식에 꼭 이치가 있는 것도 아니다
도심에 한나절 삶을 풀어 놓고
내 여기 있음이 참 다행이다
오랜 뚝살 한 점 잘라냄같이
그렇다 아련한 자랑거리 찾고 있다.

대전일보 2008. 12. 25
전원에서 제5집 『가시나무의 계절』 (2009. 12. 5)

# 문화예술의 어울림, 회색 도심도 숨쉰다

인생이 무엇인지 묻지 않아도 된다. 자연이 왜 그리움인지 밝히지 않아도 된다. 문화의 정의나 예술의 의미가 무엇인지 생각하지 않아도 된다. 그냥 여기 와서 거닐며 생각하며 상대가 있으면 이야기도 나누고 내키면 들여다보고 구경하면 된다. 끌리면 다시 오고 동반 동행할 사람 부르면 된다. 한가한 소리 같지만 복잡하게 따질 이유도 없다.

여기 대전문화예술의전당이 있고 대전시립미술관이 있고 이응노미술관이 있다. 「송년음악회」가 열리고 「라이어 1탄」이 공연되고 「소장품전」과 「청년작가전」이 펼쳐지고 '고암 「먹빛」의 여정'이 전시되고 있다.

문화예술의 전당에서는 공연예술이, 미술관에서는 전시예술이 연중 끊이지 않고 활력으로 작용하고 있는 것이다. 대전광역시 서구 만년동 396번지, 주소가 똑같다. 그러니 한나절도 좋고 하루를 즐겨도 좋다. 한밭수목원이 옆에 있고 다리 건너에는 엑스포과학공원도 있고, 또 길 건너 정부대전청사도 있다. 한 곳에서 싫증나면 가깝게 옮겨 다녀도 된다.

이곳이 도심, 왜 아니겠는가. 막연하게 도시의 중심이 아니라 문화예술이 수준있게 어우러진 곳, 이런 도심에 한나절 삶을 풀어 놓고 무엇인가 자랑거리 찾고 있다.

대전일보 2008. 12. 25

▼ 대전시립미술관 ▲ 대전문화예술의전당

# 제6부

## 우리 사랑 다시 태어남을 위하여

- 갑천
- 계족산 숲속마라톤 대회
- 유림공원
- 남선공원
- 목척교 & 르네상스 목척교
- 대전역 0시
- 금강

목척교에 새로 등장한 벽천분수

Poem

# 갑천

으뜸이라 일러서 갑천인 것을
오는 이 이름마다 새겨 새롭다
이 물길 넓고 깊고, 아득히 밝아서
노래인가 은혜인가 어진 뜻 길러내고
어울려 발길 따라 흔들림에 취하다가
엑스포 다리 아래 곱게도 쉬어간다
이 때일레, 저 청옥빛 하늘 한 자락
애무하듯 현(弦)을 당기고
꿈을 편 잔디밭 돌아서 걸어보면
은은함도 청아함도 가볍게 서성이는데
물너울 영롱한 총명 살에 닿는다
이글대는 그대의 눈빛 품에 넘친다.

《시문학》2010. 8월호

▲ 갑천문화제 수상뮤지컬에서 (2009.8)

# 넓은 길, 넓은 품에서 손짓하는 물너울

갑천은 충남 금산군 진산면 대둔산에서 발원하는 벌곡천과 계룡산에서 발원하는 두계천이 서구 용촌동 정뱅이 마을과 야실 마을 앞에서 합류하여 완만하게 흐르다가 가수원동에서 진잠천, 유성천, 탄동천과 합류한다.

그리고 다시 도심의 삼천동 부근에서 유등천, 대전천과 합류하여 북쪽으로 흘러 봉산동 부근에서 금강본류로 흘러든다.(네이버 백과사전 참조)

대전시에서는 서구 우명동에서 유성구 봉산동까지 약 40.6km를 유지 관리하는 것으로 되어있다.

이 갑천은 대전시민의 주요한 휴식공간이다. 천변에 펼쳐진 잔디광장과 산책길, 자전거길, 엑스포다리 야간 조명, 주변의 엑스포과학공원과 문예공원 등 보고 즐기고 배울 수 있는 것들이 많이 있다. 특히 이곳 갑천에서 펼쳐지는 갑천문화제, 수상뮤지컬, 체육대회 · 조정경기 등은 대전 도심의 흥겨운 축제로 물들곤 한다.

그만큼 공력(功力)을 들인 결과이기도 하지만 강물 같은 이 냇가를 거닐다 보면 넓은 길, 넓은 품에서 손짓하는 물너울 그 영롱함이 총명의 뜻으로 살에 닿는 듯하다. 아울러 이 글대는 그 갑천의 눈빛이 품에 넘치는 듯하다. 의인화의 연심(戀心)이 아니라도 갑천은 내 삶의 인연으로 내 앞에 다가와 있다.

Poem

## 그 황톳길 몸으로 걷는다

그 황톳길 몸으로 걷는다
일등도 기록도 필요 밖이다
흙속에 스미는 에코힐링 고향감촉
선물이듯 받으면 된다
숲속에서 날아오는 오카리나 맑은 취주악
보람이듯 들으면 된다
그래서 나이스, 원더풀,
몸으로 맨살로 푸른 정취 느끼면 된다
걷고 달리고 나무도 춤추고
남녀노소, 지구촌 유일의 맨발 축제 열리고,
어느새 심신 푸르른가
어느새 행복 오시는가
활기(活氣) 입에 물고 휘파람도 부푼다
속내 열어놓고 오월이 더욱 상쾌하다.

《호서문학》제43호. 2009, 여름

**싱그러움 속으로 한발 한발 ▶**

'에코힐링(Eco-healing) 선양 마사이 마라톤대회'가 10일 대전 계족산에서 열려 참가자들이 맨발로 황톳길을 걷고 있다. 〈빈운용 기자〉

— 대전일보(2009.5.11)에서

# 눈 내리는 날에도 나는 그곳에 갈 것이다

5,000여 명의 맨발족들이 계족산을 뒤덮었다. 10일(2009. 5. 10) 「에코힐링 선양 마사이 마라톤 대회」가 열린 계족산 장동삼림욕장에는 맨발로 황톳길을 즐기며 "좋다" "멋있다"를 연발하는 참가자들의 탄성으로 가득 찼다. 4회째를 맞은 이번 대회에는 '지구촌 유일의 맨발 축제'라는 명성에 걸맞게 37개국에서 온 600여 명의 외국인 참가자들을 비롯해 가족, 연인, 회사 동료들과 함께 한 5,000여 명의 참가자들로 성황을 이뤘다. …

대전일보 2009. 5. 11. (백운희 기자)

그렇다. 지금 계족산 장동삼림욕장은 주)선양이 주관하는 에코힐링(eco-healing) 선양 마사이 마라톤 대회장(조직위원장 조웅래)으로 자리를 잡았다. 숲에서 발생하는 건강 물질인 피톤치드가 가득한 숲 속 황톳길에서 음악을 들으며 달리는 이색적인 대회로 명성을 더해가고 있는 것이다. 중앙지나 지방지나 언론에서 한결같이 '지구촌 유일의 맨발 축제' '숲속 마라톤 풀코스' '산악스포츠 명소' '맨발마라톤' '산악마라톤' 또는 '산악자전거 대회' '숲속 사진 전시회와 음악회' 등 관심있게 보도를 하고 있으며 한국관광공사에서는 '5월에 가볼만한 최고의 명소'로 선정했다는 소식이다.

이 대회는 매우 거창하다. 그러나 생각은 아주 소박하게 하면 된다. 그냥 맨발로 걸으면 된다. 황톳길을 몸으로 걸으면 그만이다. 일등도 필요없고 기록도 필요 밖이다. 건강, 레저, 휴식… 그런 것들만 담고 익히면 된다. 에코힐링, 속내 열어놓고…

눈내리는 날에도 나는 그곳에 갈 것이다.

Poem

## 맹맹맹, 가을 영그는 소리 듣는다

- 유림공원에서

그 모질던 더위
어디쯤 뛰어갔을까
유림공원 한낮의 그늘 속에
나무들 모여 한 마디씩 어울린다
함께 서서 멀리, 빈 하늘 보노라면
뱃속에 숨은 컴컴한 고독
살며시 고갤 내밀고
바람은 툭툭 얼굴 스치며
왔다가 떠나고
떠났다가 또 온다
만남도 떠남도 천생의 인연인 걸
모를리 없다지만
사랑이 홀로 사는
그 가슴 고요의 둥지에
바람은 왜 머물지 못하는가,
그런 생(生)의 늪을 가늠타가
밍밍밍, 도심 뜰라미 소리 듣는다
맹맹맹, 가을 영그는 소리 듣는다.

《아세아문예》 2010. 9월호

유림공원 (유성구청 앞)

# 사색의 서정을 시로 그리며

유림공원은 이인구 계룡건설 명예회장이 사재 100억 원을 출연 조성하여 대전시에 기증한 명품 도시숲이다. 공원의 명칭은 기증자의 호 유림(裕林)에서 따온 것이며 유성구청 앞 갑천과 유성천 삼각주 일대에 있고 5만 7400㎡(1만 7400여평) 규모이다.

공원에는 교목류, 관목류와 수많은 꽃들이 어우러진 가운데 특히 은행나무 숲길, 메타세콰이아 숲길, 이팝나무 숲길, 벚나무 숲길 등 각 나무를 주제로 한 테마산책로가 만들어져 다양한 나무군락을 볼 수 있는 것이 특징적이다. 아울러 한반도 모양으로 만들었다는 연못 반도지(半島池)와 연못 안의 연꽃, 비단잉어, 백조, 그리고 벽천(壁泉)과 물레방아 등 운치를 더해준다. 울타리를 두르지 않고 동서남북 어디서나 들락날락 할 수 있고 산책코스가 여러 갈래로 나누어져 특색을 지니고 있는 것은 이 공원의 장점이다.

이 공원에서 나무와 나와의 어울림과 생(生)의 문제에 대한 사색의 서정을 시로 그리며 도시의 숲에서 듣는 뜰라미(쓰르라미) 소리가 곧 가을 영그는 소리임을 감지한다. 공원의 고마움도 가을 영그는 고마움도 모두 시심이 된다.

그런데도 문화의 넉넉함이나 문예의 미를 살릴 수 있는 공간 활용에 대한 생각과 주차공간이 없어 고생했다는 생각이 한참 떠나지 않았다.

Poem

# 남선공원에서

아랫도리를 모두 걷어부친
총총한 소나무 밭에
도시의 불빛이 새어들고
불빛과 어둠 사이
방울새 차가운 목소리가
숨결인 듯 떨어진다
그 숨결 몸에 담고
이제는 아쉽게
산길 내린다
오랜 아픔과 시련,
그리고 허욕의 덩어리 뽑아내며
이승에서 편히 잠자고
다시 이 공원에 올 꿈을 그린다
산그늘 가볍게 밟고 올 꿈을 그린다.

김용재 시집 『청동빛』 (1998)

# 마지막처럼 하루를 살면 세상은 참으로 값진 것임을 안다

둔산에 와서 나의 처음 산책코스는 남선공원이었다.

내 집에서 15분이나 20분 정도면 충분히 도달할 수 있는 곳이지만 나에게는 곱빼기 시간이 필요했다.

건강이 좋지 않아 남들과 같은 근력을 발휘할 수 없었던 것이다. 자연 친화적인 그런 일상을 유지하지 않고서는 사는 것이 씁쓸한 것일 수밖에 없었던 시절이라고 말하는 것이 차라리 나을 법하다. 그 시절에 가까이 한 나의 절친한 친구가 곧 남선공원이었으니 이곳은 퇴근 후 이른 저녁에도 산책하기에 좋은 장소였다. 가끔은 약수터 물맛을 보거나 도산서원(道山書院)을 들러 볼 수도 있었다.

지금은 남선공원 팔각정에서 심호흡을 하고 각종 생활체육시설을 이용도 해보고, 우리 역사 최초의 천민해방운동 발원지라고 알려진 이곳에 우뚝 선 「명학소(망이 · 망소이) 민중봉기 기념탑」을 휘돌아 그 의미도 가슴에 챙길 수 있게 되었다.

마지막처럼 하루를 살면 세상은 참으로 값진 것임을 안다.

▲ 남선공원 · 남선정(南仙亭)

Poem

# 목척교 연가

물 너울 고운 눈짓이나
한 아름 인정 가려놓고
날마다 내 마음속
파릇한 세월 파먹는
거대한 손, 오만의 문명에 눌려
어둠 안고 사라진 목척교
노래로 지펴 그리며
실망처럼 식은 가슴
그대의 핑크색 꿈을 휘젓는다.

《펜과 문학》 1997. 여름호
김용재 시집 『머물러 있던 시간의 飛翔』(2002)

▲ 목척교 유래비

# 우리 사랑 다시 태어남을 위하여
- 르네상스 목척교

으능정이 목척마을 그리움 타네
그 이름 솟아나 한밭에 번쩍이네
여기, 너울너울 윤나는 정을 품고
머무는 듯 다시 날개를 펴네
명품으로 징검다리 징검돌 또 놓으면
징검 징검 멀찍이 우리 걸어 볼 것이네
밤이슬도 밤비도 세월을 넘고
가로등도 못 잊을 사랑도, 그저
네 박자 희미한 곡조로 떠내려 가고
저 여울빛 추억의 후렴구 품어나 보겠네
목척교 르네상스, 르네상스 목척교
우리 사랑 다시 태어남을 위하여
차차차 차차, 차차 차차차
두 소절 재즈 음악 새로 챙기며
초승달 레만호, 분수도 드높게 올려 보겠네
물속 명미한 달빛, 건져도 보겠네.

《호서문학》제44호, 2009. 겨울

▲ 2010년 8월 27일 준공된 르네상스 목척교

# 목척교여, 명작의 고향으로 길이 빛나라

대전의 원도심 한 가운데를 가로지르는 대전천은 한 때 '대전 시민의 젖줄'이라고 불려왔다. 이 대전천을 건너다니던 유일한 징검다리가 있었는데 이를 가리켜 목척(木尺)다리라 했다. 1912년 이 목척다리가 있던 곳에 대전의 동서부를 연결하는 목조다리가 건설되었다. 이 다리를 대전교라 했다. 해방 후 목조였던 이 다리는 철근 콘크리트로 개조하여 그 폭을 넓히고 다시 목척교로 환원되었다. 목척교 주변의 대전천에서 여름철이면 인근 주민들이 땀에 절은 몸을 씻었고 겨울이면 학동 또는 젊은이들이 스케이트장으로 이용하기도 했다.

'가로등 희미한 목척교에 기대서서/나홀로 외로히 이슬비를 맞으면서…' 안다성 노래의 「못 잊을 대전의 밤」을 안타까이 불러보는 사람들도 많았다. 1974년 목척교 일원의 대전천 복개사업과 더불어 대형의 중앙데파트와 홍명상가가 들어섰다. 목척교의 형체는 숨겨지고 상가 꼭대기층엔 디스코 클럽이 홍행을 이루기도 했다.

마침내 2008년 10월 동방마트(중앙데파트)는 사라지고 2009년 8월 다시 홍명상가도 철거에 들어갔다.

'대전천의 생태하천화', '목척교 르네상스' 프로젝트에 의한 결과였다. 각종 보도를 집약해보면 태양열 집열장치, 야간조명 첨단시설, 고수분수, 벽천분수 등 조형물, 여울 징검다리 산책로, 각종 문화와 레저시설 등 목척교의 변신의 모습이 실감나게 다가선다.

그동안 대전의 거목 정훈(1911-1992), 이재복(1918-1991), 박희선(1923-1998) 시인을 비롯해서 대전의 문인들과 대전을 사랑하는 전국의 많은 문인들이 이 목척교를 글감으로 해서 글을 써왔다. 목척교에 대한 나의 사랑도 시로 환생시켜 보았다.

특히 초승달 레만호를 싯구에 초대한 것은 이유가 있어서였다.

레만호(Lake Leman)는 스위스 남서부, 초승달 모양을 한 알프스 산지 최대의 호수로서 일명 제네바호(The Lake of Geneva)라고도 한다. 1초당 500L의 물줄기가 최고 140m 높이까지 솟아오르는 제트분수(Waterjet)가 특히 유명하다. 이 호수 북쪽 연안의 도시 로잔(Lausanne)에서 20세기 최고의 시인 엘리엇(T. S. Eliot : 1888-1965)이 명작 「황무지」(The Waste Land)를 썼고, 이 작품 제3부에 레만호가 본래의 의미(정부 mistless, 연인 sweetheart)를 품고 나타난다.

만년설로 덮인 알프스 몽블랑을 허덕이며 구경하고 이 부근에서 하룻밤을 지낸 인연으로 엘리엇 작품을 다시 읽었고 꼭 호수가 아니고 제트분수가 아니라도 우리들의 목척교가 목척교 이상의 의미를 지니고 명작의 고향으로 다시 태어나기를 기대해 본 것이다.

바람 심어 회상과 더불어 시를 빚었네.
목척교여, 명작의 고향으로 길이 빛나라.

# 대전역 0시

## - 한여름 밤 축제의 거리에서

하루가 끝나는 시간은 아니라 했지
하루가 시작되는 시간도 아니라 했지
그렇지, 뜨겁고 시원한 가락국수 국물에
동동 뜨는 동그라미, 돌이키는 단맛
끝남과 시작이 만나는 시각이라 했지
갈래머리 끼리끼리 까까머리 끼리끼리
영감도 할매도 그 시간에 만난다 했지
대전역 0시 축제, 어울려 춤춘다 했지
그래서 너와 나의 간격을 허물고
그래서 너와 나의 쓸쓸함 지우고
그래서 너와 나의 어둠을 찢어내고
그려 그려, 대전역으로 오신다 했지
그려 그려, 이 편에서 모두 춤춘다 했지
어둠에 불을 태워 0시의 꽃 피운다 했지
하늘에 꿈을 심고 0시의 빛 밝힌다 했지.

《호서문학》제44호 2009. 겨울

▲ 대전역 0시 축제에서 (2009.8월)

# 문화의 생산성을 기대하며

잘 있거라 나는 간다 이별의 말도 없이…

1959년 보슬비가 내리는 한여름 밤의 대전역. 0시 59분에 목포로 떠날 증기 기관차가 기적을 울리며 플랫폼으로 들어서자 두 손을 꼭 잡고 있던 청춘남녀의 가슴은 찢어질 것만 같아 남자는 결국 '이별의 말도 없이' 열차에 오르고 여자는 떠나가는 열차를 쳐다보며 울음을 터뜨린다. 이 광경을 지켜보던 작사가 고 최치수 씨가 곧바로 글을 쓰고 김부해 씨가 곡을 붙인 노래가 바로 「대전블루스」(노래 · 안정애)다.(하략)

- 동아닷컴(이기진 기자)에서

청풍명월 유서깊은 고장 충절과 인정이 넘치는 한밭 너른 땅 국토의 동맥을 달리던 철마 이곳에서 한번 큰 숨을 고르나니 나눔의 애환을 철마와 함께 해 온 겨레 또한 이 땅이 정다웁다. 추억과 동경 그리움과 애절함도 이런 정분에서 비롯되는 것, 그래서 사람은 가도 노래는 남는다(하략)

- 「대전사랑추억의 노래비 건립 취지문」에서

대전의 대표적 대중가요「대전블루스」(원제목 · 대전발 0시 50분)를 소재로 삼은 「대전역 0시 축제」가 2009년 8월 중순 대전역과 목척교를 중심으로 한 중앙로에서 펼쳐졌다. '추억의 0시, 젊음의 0시'가 주제였으며 이 축제를 '대전을 대표하는 문화브랜드로 발전시켜 침체된 지역경제를 활성화하겠다'는 것이 주최(대전 동구청)측의 결심이었다.

목척교와 함께 대전역 또는 대전역 0시에 대해서도 많은 문인들이 글을 썼다. 무슨 볼거리 차원이 아니라 만나고 헤어지는 인생살이의 축소판이 이곳에 의미있게 살아 있었기 때문이다. 유동삼, 박명용, 홍희표, 이도현, 박헌오, 안초근, 송영숙, 이현옥 등 뜻있는 시인들이 열렬하게 접근하여 시를 쓴 것도 축제의 불을 밝히는 요인이 되었을 것이다.

문화의 생산성을 기대하며 나도 졸시 한 편을 바쳤다. 문인들의 관심이 꽤나 컸는데…

지금은 이 축제가 사라질 것인가, 부활할 것인가, 안타까운 추측을 하고 있다.

대전역 (쌍둥이 고층건물은 한국철도공사와 한국철도시설공단)

# 錦江을 보며

I

소백산 노령산, 그 산맥의 나무뿌리 돌부리
하나씩 빠져나와 물무리 이루고
전라도 북쪽 땅 충청도 남쪽 땅
마을과 마을 산과 벌판
사이 사이를 굽어돌아
한밭 웅진 사비성 황산벌
내 고장 곳곳에 한 집을 이루며
훨훨 황해로 가는
그대 금강이여
주야로 쉬는 일 없어
흐르는 말씀 슬픈 것인가

동학군 야전군
살붙은 작업복 녹슨 쇠붙이
피묻은 돌멩이 돌팔매질
시대의 노을물 부서진 꽃잎
슬퍼서 그대
슬픈 꿈을 먹고 있는가

흐르고 흘러서

◀ 전북 · 장수 - 수분령
(금강 - 선진강의 발원지)

큰 물, 작은 물, 급한 물, 느린 물, 그리고 여울물, 노을물
맑은 물, 흐린 물, 차가운 물, 따스한 물
조용한 물, 떠드는 물
그리고 병든 물
모두가 사람 같아서
그대 금강이여
사람들만 훑아보는가.

II

그러나 우리에겐 아름다운 기억
그대와 마주놀던 알몸의 동심이 있다
그대 곁에 서성이던 쌍쌍의 향기가 있다
그대 안고 앉아있던 사색의 씨앗이 있다
옹기 종기 모여 일구던 낭랑한 노래가 있다

기다리며 바라보며
뚫어내며 기대하며
푸른 눈 맑은 눈망울로
혹은 가을빛 가슴을 내밀고
버들가지 산 그림자 속에

은어 떼 모이던 것
물새야 날건 말건
묵묵하게 해오라기 서 있던 것
은빛 모래밭이
웃으며 누워 있던 것
한줄기 환한 연기
수줍음처럼 건너오던 것
때로는 가스등 밤 낚시꾼의 숨소리
그렇구나
우리는, 무성한 생각의 숲에 쌓이고 있다.

III

아이는 젖줄을 빨고
어른은 물줄기 빨고 있는가
물줄기 그 근원으로 하여
씻어내는 하루의 시름
하루의 한숨
배반도 분노도 모두 밀어내며
강물은 예부터 풍성한 뜻을 익혔다

그리하여 강물은

◀ 금강 발원지 뜬봉샘 표지석
(전북 · 장수 – 수분령)

싹 틔우고 꽃 피우며
노고지리 노래를 길렀다
늠름하고 왕성하게
푸르름을 키웠다
무덥고 따분한 숨소리를 지키며
번민의 갈증을 풀었다
금빛 파도의 벌판을 둘러보며
손뼉치는 웃음을 날랐다
발목이 시렵던 몸부림도
그리운 목소리로 열어 주었다
마디마디 기계를 운영하고
시대를 경작하고
문명의 은방울 소리
환하게 밝혀 놓았다

식탁에도 오르는 강물의 향기
침실에도 실려오는 강물의 리듬

이제 반짝이는 별빛
초롱대는 눈빛
사랑처럼 또 강물에 번쩍일 것인가.

IV

강물을 보며
그 금강을 보며
말없는 역사의 대열,
다시 유유한 숨소리를 듣는다
나루에 매어 둔 조각배 한 척의 한 나절과
가로지른 철교의 쇠붙이 소리를 느낀다
내일은 다만 구비진 길
새까만 물소리를 들어야 하는가
주인 잃은 고무신 한 짝 떠 가면서
누군가 버린 빈 병 하나 떠 가면서
문명의 온갖 쓰레기 가라앉으면서
버림받은 산업의 물질 어울려들면서
그래도, 그들은 할말이 없다
따분한 흐름만을 강물은 계속한다

누구의 역사를 가꾸는가
누구의 인생을 해설하는가
누구의 기도를 대기하는가

남모르는 고통 속에서 살고

들어주지 않는 적막 속에서 살고
죽음이 넘실대는 혼돈 속에서 살고
분별없는 아픔을 먹고 살면서
따분한 흐름만을
강물은 계속한다.

V

목숨의 뜻은 비단폭
부푸는 빛 한 오라기 열망 속에서
새벽의 신앙길에 순수를 원했다
자욱한 안개를 걷고 밝기를 원했다
좌절의 변방을 보면서
그래도 푸르름을 원했다

눈물을 씻어내고
덜렁이는 마음 비추어내고
혼란한 언어를 가라앉히고
목숨 뜻 그대로
비단의 실체를 원했다

지금은 헝클어진 이상
올올이 마름질하며,
싱싱한 내장
투명한 혈관
바른 길 증언의 뜻으로 흐르고 싶다

그렇게 금강은 말하는데
금강을 보며
외로운 웅변의 물소리를 듣는다.

김용재 시집 『휴일의 새』 1985. 6. 30

▲ 금강 (신탄진에서)

# 그러나 물은 가슴으로 곱게 흘러야 한다

금강은 전북 장수군 신무산(897m) 뜬봉샘에서 발원(發源)하여 무주, 영동, 금산을 거쳐 대전에 이르고 다시 공주, 부여를 지나 서천의 금강하구(河口 : 강이 끝나는 지점)에서 서해로 흘러간다.

대전시의 금강 구간은 대청댐에서 유성구 금탄동까지 16.3km(대청호 수몰지역 제외)이며 갑천(甲川)은 금강의 한 지류이다.

금강유역은 일찍이 대전 둔산동의 선사유적과 더불어 공주, 부여를 중심으로 한 백제문화를 찬란하게 꽃 피운 곳이다. 금강줄기의 한 가운데에 자리한 대전이 오늘날에는 행정, 과학, 교통, 군사 등 한반도의 중심지 역할을 해오고 있으며 미래를 향해 더욱 힘찬 나래를 펼치고 있다.

- 『아름다운 대전 8景』(1999 · 대전광역시) pp. 283-286 참조

여기〈금강을 보며〉는 실제로 쓴 것이 30년 가까이 된다.

세 번째 시집인가, 『휴일의 새』에 이미 수록이 됐지만 간략히 주석을 붙인다.

제 I 부에선 금강의 발원과 근원적 의미 및 역사의 애환을 새겼고, II부에선 금강의 아름다운 자연 경관과 무성한 생각의 숲에 쌓이는 추억을 추적했다. III부에서는 삶의 교류와 소망과 소통의 번쩍이는 의식을 살펴보았고, IV부에선 분별없이 번져가는 환경오염의 아픔을 풀어 놓았다. 마지막 제 V부에선 삶의 젖줄, 생태 환경의 보고(寶庫), 문화적 좌표로서의 금강을 그리며 외로운 웅변의 물소리를 듣고 있는 것으로 막음을 했다.

그러나 물은 가슴으로 곱게 흘러야 한다.